JIYU FEIXIANXING XITONG LILUN DE
ZHENGFU JIANSHE XIANGMU QUANSHENGMING ZHOUQI TOUZI KONGZHI YANJIU

基于非线性系统理论的
政府建设项目全生命周期投资控制研究

王新征 著

化学工业出版社
·北京·

本书是工程项目管理和工程造价控制的交叉性前沿问题研究，涉及宏观经济管理和微观项目投资控制，既有理论探讨又有实践方法研究。本书针对我国普遍存在的现实问题展开，在大量借鉴发达国家经验的基础上，结合我国的具体情况和发展动态，从政府投资建设项目全面投资确定理论和方法、全面投资控制理论和方法、全面投资管理理论和方法三个方面展开了深入研究，建立了适合我国国情的、符合国际惯例的政府投资建设项目全面投资控制模式。

建设项目管理者、高校教师、造价工程师、概预算人员及业界实践者都能从本书中获益，本书可以作为上述人员的工作参考用书。

图书在版编目（CIP）数据

基于非线性系统理论的政府建设项目全生命周期投资控制研究/王新征著.—北京：化学工业出版社，2019.10（2023.1 重印）
ISBN 978-7-122-34970-5

Ⅰ.①基…　Ⅱ.①王…　Ⅲ.①政府投资-基本建设投资-控制-研究　Ⅳ.①F283

中国版本图书馆 CIP 数据核字（2019）第 164445 号

责任编辑：徐　娟　　文字编辑：冯国庆
责任校对：刘　颖　　装帧设计：韩　飞

出版发行：化学工业出版社（北京市东城区青年湖南街 13 号　邮政编码 100011）
印　　刷：北京云浩印刷有限责任公司
装　　订：三河市振勇印装有限公司
710mm×1000mm　1/16　印张 9　字数 143 千字
2023 年 1 月北京第 1 版第 2 次印刷

购书咨询：010-64518888　　售后服务：010-64518899
网　　址：http：//www. cip. com. cn
凡购买本书，如有缺损质量问题，本社销售中心负责调换。

定　　价：73.00 元

前言

政府投资建设项目具有结构复杂、规模大、工期长、造价高的特点，其造价受国内外政治、经济形势、财政政策、政治体制、项目管理模式、管理人员、时间、设计方案等诸多因素的影响，从决策阶段、实施阶段到使用阶段，政府项目全生命周期造价经历从不确定渐进到确定的过程。因此，政府投资建设项目造价的确定和控制系统具有显著的非线性复杂系统的特点。本书运用非线性复杂系统控制理论和方法，引进国际全生命周期造价管理的思想，结合国内政府投资建设项目的资金控制和项目管理现状及动态，从以下几个方面展开研究和探讨。

① 投资确定和决策必须科学化。可行性研究和设计阶段是投资确定及控制重点，必须运用全生命周期投资理论进行建设项目投资估算和投资、设计方案优化；运用显著性成本法（Cost Significant method，CS 法）简化投资估算、设计概算或修正概算计算程序；在有足够类似的工程投资数据条件下，选择足够数量的类似工程作为训练样本，用 BP 神经网络进行训练，进而预测出新建项目的显著成本项目（CSIs）造价；运用模糊聚类方法进行拟建项目 CSIs 和显著性因子的贴近度聚类及投资估算，并进行差异修正；当类似工程的工程投资数据不足时，运用 GM(1,1) 或 GM(1,N) 灰色预测系统进行新建项目投资估算；当类似工程的工程投资数据匮乏（没有或仅有极少量数据）时，利用以模糊语言形式存在的专家经验，采用模糊推理系统对新建项目进行投资估算；在施工图设计阶段，在具体设计方案和设计工程量已准确确定的情况下，仍按现行工程量清单法进行施工图预算。

② 投资控制必须全过程最优化。以非线性理论为基础，运用显著性成本法简化模型，突出投资控制重点，简化投资控制数据处理程序的方法。在此基础上，建立全过程连续时间造价动态系统的优化和控制模型，运用庞德里亚金（Pontryagin）极大值原理，根据所获信息的性质，建立了离散和连续型的投资优化控模型；并建立了全过程以主动控制为主的 GM(1,1) 模型和已获价值理论方法（Earned Value Management，EVM）模型，能够随时更替旧的信息，动态灰色预测控制各阶段工程造价，使管理者及时掌握投资

工期变动信息，并对其发展趋势做出科学的预测和判断，实现投资工期的事前主动控制。

本书通过研究，建立适合中国国情的、符合国际惯例的政府投资建设项目全生命周期复杂系统控制管理模式，为从根本上解决我国政府投资建设项目“三超”“烂尾”“马拉松”等问题，在保证工期质量的前提下，确保政府投资建设项目投资额度合理，实际投资不超过投资限额，杜绝腐败和滥用资金现象，为政府项目的投资管理、决策、实施部门和单位提供决策参考。

特别感谢南阳师范学院在本书的写作和出版过程中给予的大力支持。

限于笔者水平，书中难免存在缺陷和不足，敬请批评指正。

王新征

2019 年 5 月

目 录

第1章
概述

1.1 研究目的

1.1.1 现实问题的迫切需要

基础设施对于一个国家的经济发展具有重要作用，是实现经济增长的重要前提。基础设施的投资、建设及其提供的服务，对经济增长有直接和间接的推动作用。大规模基础设施建设能够直接带动能源、原材料、金融保险、公共服务等多个行业的生产和消费，从而创造出更多就业机会，增加财政和居民收入。同时，良好的基础设施能够降低企业生产成本，提高生产效率，改善投资和消费环境，从而吸引更多的资本进入，促进当地产业结构优化升级，实现经济可持续发展。我国40多年改革开放的历史，是经济起飞的历史，也是基础设施建设快速发展的历史。近年来，我国采取了积极的财政政策，基础设施投资力度不断加大，资料显示，“十二五”期间，完成交通固定资产投资超过12.5万亿元，是“十一五”期间的1.6倍；全国铁路固定资产投资完成3.58万亿元，比“十一五”多完成1.15万亿元；2017年我国基础设施建设投资额17.31万亿元。在政府基础项目高速增长的同时，却陆续出现了一些与政府形象和巨大成绩不相称的混乱现象与亟待解决的问题，如政府工程超概、超支严重，运营使用管理、回收效益差，提前报废、亏损经营等投资浪费现象严重，“挪”“占”“贪”“拿”政府投资，建设领域的腐败问题严重等。究其根源，一是现行造价计价方法多将工程投资和影响因素之间构造为线性、统一的定额关系，如单位生产能力估算法、生产能力指数估算法、比例估算法、朗格系数法等，不能够正确反映造价和各种消耗、影响因素之间的随机性、复杂性、非平衡性等高度非线性的映射关系，由此导致投资目标预测准确性差，可靠性不稳定。二是现行投资控制方法基本上还是事后控制，运用线性和统一定额关系模型拟合现实控制问题，如偏差分析法、成本分析法等，而现行的事前控制仍以理论探讨居多。三是现行投资确定、决策和控制理念及方法仍为简单的、线性、全过程造价管理理论为主，全面、全生命造价管理理念因缺乏配套基础数据而仍停留在理论探讨上。四是投资责任主体“虚位”，政府投资管理权力没有有效的体制和机制监督制衡，政府投资管理部门和管理人员有权无责，政府投资决策、确定和控制形成“权利暗箱”，权利“寻租化”现象严重。针对以上问题和原因，探讨和寻求解决政府投资建设项目从投资确定决策、投资控制、投资体制等方面的基本理论和方法已是势在必行。

1.1.2 国内外现状分析

1.1.2.1 国外研究现状

当前国际上政府投资建设项目资金控制领域的研究工作以英国、美国、日本等国家为典型，涉及政府投资建设项目的管理机构、目标模式、决策程序、评价方法、建设方式、政府采购的运作模式、支付监控体系等各个方面。这些国家经济发展水平高，政府投资控制体制经历了上百年的经验积累和演化发展，具有相对完善的组织体系、控制方法体系和配套制度体系，控制能力强。

第一，在项目规划、决策和实施管理中，都有着比较集中的政府管理机关，在项目的全过程充当“业主”身份，负责项目造价控制、质量保证等诸方面的监控管理工作，在项目验收试用后才交付政府使用部门。

第二，采用规范的政府采购制度。政府采购制度是规范财政开支的有效制度，西方国家普遍把政府投资建设项目作为政府采购的一个重要部分，对其操作给予了高度的重视，其中尤以政府招标中的“标底”测算最值得我国参考。标底的测算方法和依据同时也是投标者核算费用、提供报价的依据，是确定和控制工程投资量的基础及开始。国外普遍依照市场机制，在规定统一的工程量计算依据和规则的基础上，根据市场和竞争形势确定工、料、机的单价及相关费用、税金，再按照本企业自己的定额标准计算工程投资总量。

第三，严格的投资预算和控制制度。发达国家对于政府投资建设项目的资金控制是通过市场化、社会化的投资测算控制体系和严格的法律责任制度来实现的。预算师、建筑测量师、工程师、承包商等参与者都是市场中独立实体，他们在项目中分工合作，在法律责任的约束下相互牵制控制。其中在投资测算和控制中尤以预算师、建筑测量师（我国现称造价工程师）为典型，它受政府决策部门或承包商的委托，独立完成造价投资预算，并对其承担法律责任。

第四，在投资控制中，运用多种先进的控制方法和有利于政府投资控制的建设模式。先进的控制方法如经营过程再造方法（Rebuilding Business Process）、作业持续改善方法（Continue Improvement Process）、已获价值管理法（Earned Value Management，EVM）、基于活动的成本管理方法（Activity-based Costing Process）、全生命周期造价管理（Life Cycle Cost Management）等，有利于政府投资控制的建设方式如CM（Const ruction Management）方式、DB（Design Build）方式、DM（Design Management）方式、BOT（Build Operate Transfer）方式以及新型的合伙（Partnering）模式和PFI（Private Finance Initiation）模式等。

通过对国际上先进的全生命周期投资（Whole Life Cost）控制理论和方法、显著性成本（Cost-significance）控制理论、超中值理论（Super-mean Theorem）、精益建设项目管理（Lean Construction Project Management）、混沌理论在劳动生产率和项目组织及管理中的应用、模糊数学在全生命周期投资控制的应用、项目管理创新与可持续发展等理论和方法的文献资料的检索、学习，在投资控制理论和方法的研究上，已基本跟踪到国际投资控制前沿理论和方法。

1.1.2.2　国内研究现状

我国将建设项目区分为政府项目和私人项目是近几年才开始的。对政府项目的资金控制与管理问题，财政部门和工程建设部门都有过一些研究，但多数停留在现有体制基础上的局部工作的改进，一些触及体制改革的研究也大多仅是提出了市场化的改革方向建议，并未进行深入探讨和具体方案研究。

在政府投资建设项目的管理机构和管理体系方面，参考国外做法，一些学者提出了改革建议，以主张部门合并者为多，但如何合并，合并后的职责和工作程序等方面的内容很少有研究涉及。实践中，对于非营利的政府投资建设项目，建设单位、建设管理部门和财政部门以谁为主进行管理，充当业主，分歧意见较为明显。而经营性项目从业主负责制转过来的项目法人责任制也存在着投资管理上的致命问题。项目法人责任制将工程建设和使用管理合二为一，由缺少工程建设专业经验的一次性项目法人负责，缺乏必要的制约机制和工程管理的连续性，不仅不利于工程建设水平的提高，而且也不利于政府管理部门实施有效的监督。目前正在试点和推行的代建制是我国政府投资建设项目建设管理理论研究和管理实践的改革产物，并在相关地区取得了一定程度的成功。但是，由于这是一个新的探索，缺乏足够成熟的理论依据和实践经验，还存在诸多如自建与代建混淆、缺乏有效权力监督等问题。因此，无论是宏观管理体制还是微观管理体制，政府投资建设项目的管理机构和管理体系都值得进一步研究。

目前，我国财政开支规范性还不完善，政府采购制度尚未有效建立。由于长期以来财政管理和工程管理分属不同的系统部门及学科，从财政管理角度研究政府采购的学者对于工程的造价和管理的知识有限，往往在涉及政府工程投资时只能以“很重要”“应严格管理”等语言做表面说明；而从工程管理角度研究政府采购的学者对于财政支出和管理的知识也比较模糊，难免局限于从微观角度研究如何在设计、施工中减少成本费用，不能从全局把握政府对建设工程的采购管理。因而，必须加强这种跨学科问题研究。另外，在政府采购制度中，市场化的工程计价方法的研究至关重要。在市场经济体制下，不考虑市场价格变化的定额管理不可能使建设项目的投资额成为一个准确数字，从而也不可能做好投资的控制和管理。现在许多学者提出“量价分离，动态控制”“定额量、市场价、竞争费”“概预算控制”的市场化改进建议，但这些建议大多还受到传统的工程造价管理体制的束缚，还没有完全跳出原有基于统一定额、线性函数关系模型、全过程造价管理的限制，没有打破原有的制度框架。

在投资预算和控制制度方面，我国的学者也提出了许多诸如国家监督、社会监督、项目法人制、主管领导问责制、重大项目决策听证制、人大、政协、监督制、独立监督稽查机制、“三分制”、廉政监察谈话制等建设项目控制制度，但由于目前根本的管理体制和计价原则没有改变，工程各方的市场化运作机制没有形成，监控管理效果并不理想。对工程参与各方进行拆分和社会化，由独立的造价工程师、建造师、承包商等各自完成相应的工作，统一对投资管理部门负责，并对自己的工作环节和工作部分独立承担法律责任等，是我们需要继续深入研究的一项重要内容。

先进的投资控制方法和建设方式在当前也有了一定研究基础，如全生命周期成本（LCC）、全面成本管理（TCM）方法和建设管理模式（Construction Management，CM）、建设—经营—转让（Build Operate Transfer，BOT）建设方式，国内都进行了相当的研究，但这些研究大都局限在现有投资管理体制和线性分析理论及方法之下。非线性理论的发展、新的投资管理理论的研究应用，都要求我们不断地进行探索。

复杂系统动力学理论诸如遗传算法、神经网络、元胞自助机等分析方法，从 20 世纪 90 年代开始，在我国经济管理领域的应用研究中就得到了快速发展。在我国科学工作者的不懈努力下，逐渐克服了理论方法零散、缺乏系统化、应用领域狭窄等问题。目前人工神经网络理论已比较成熟，正逐渐在工程造价领域推广应用。混沌理论研究主要在股票变动趋势、市场价格变动影响等方面取得了比较大的理论进展，遗传算法、元胞自助机等分析方法在财务管理、投资决策、证券市场分析等方面进行了初步应用探讨，但这些理论在工程造价管理领域基本上是空白。

1.2 研究内容

政府投资建设项目具有结构复杂、规模大、工期长、造价高、一次性或单件性的特点，其造价具有非线性、开放性、非平衡性和随机性的特点，受国内外政治、经济形势、财政政策、政治体制、项目管理模式、管理人员、时间、设计方案等诸多因素的影响，从决策阶段、实施阶段到使用阶段，政府项目全生命周期造价经历从不确定渐进到确定的过程。因此，政府投资建设项目造价的确定和控制系统（包括预测、控制、组织管理三个体系）具有显著的非线性复杂系统特点。本书运用非线性复杂系统控制理论和方法，引进国际的全生命周期造价管理的思想，结合国内政府投资建设项目的资金控制和项目管理现状及动态，从以下几个方面展开研究和探讨。

1.2.1 基于非线性理论的政府投资建设项目投资确定的理论和方法研究

决策阶段是政府投资建设项目投资控制的关键阶段，其投资估算是随后各个阶段投资控制的最高目标，它的准确与否对整个项目的投资控制起着决定性的作用。但此阶段也是投资确定信息最不确定、最不充分和最模糊的阶段，如何从大量的、杂乱无章的、强干扰的数据中挖掘潜在的、有利用价值的投资信息是本书研究的重点。本书拟从以下几个方面进行深化研究。

① 在大量调查收集数据的基础上，建立健全地区和全国性已完工程全生命周期造价数据库，逐步淡化计划经济时代统一定额的历史作用，根据反向传播神经网络（BPNN）、模糊聚类（FC）、模糊推理系统（FIS）、粗糙集（Rough Set）、遗传算法等数据挖掘和投资控制方法建立相应数据库结构框架，并收集一定相关数据进行运行试算，为全面推广建立决策依据。

② 在研究全生命周期造价的基础上，将显著性造价理论和全生命周期造价理论融合，验证其可行性。

③ 在有 BPNN 神经网络前期应用研究的基础上，建立健全全生命周期造价复杂系统自适应预测模型，进一步拓展无教师型 BP（Back Propagation）神经网络投资预测模型的深化研究，探讨建立适于非线性复杂系统的全生命显著性造价理论（WLCS）预测的最优模型。

④ 混沌是一种貌似无规则的运动，指在确定性非线性系统中，不需要附加任何随机因素亦可出现类似随机的行为（内在随机性）。其显著特点是系统的演化对初始条件十分敏感。本书主要应用混沌理论，通过分析 CS 理论提供的数据，从而得到我国工程造价估算这个复杂非线性系统的短期运行趋势预测模型。通过模型的应用，提高工程造价估算的准确度，并为工程造价的估算预测提供一个新途径。

⑤ 拟充分运用粗糙集理论、不需任何先验信息的优点，进行深入的工程造价复杂系统信息挖掘和知识发现技术方法研究，以达到准确预测和有效控制拟建工程造价的目的，与神经网络、模糊数学等处理不确定性问题理论和方法形成优势互补，以构建完整的、拟合度和准确性强的优势工程造价数据处理挖掘预测控制方法体系。

⑥ 在运用全生命显著性造价理论简化计算过程、减少造价估算的工作量的基础上，运用遗传算法（GA）很强的鲁棒性和适应性等优势，有效地拟合投资项目预测随机性、复杂性、非线性等数据趋势特点，为解决工程投资决策非线性问题、提高投资预测准确性和有效性提供参考依据。

1.2.2 基于非线性理论的政府投资建设项目投资控制理论和方法研究

在各个阶段合理的投资额确定之后，如何建立连续的、全面的、动态的、以事前主动控制为主的全生命周期投资控制理论和方法，是本书研究的核心。本书拟在基于LCC、CS、EVM、GM(1,1)、庞德里亚金（Pontryagin）连续模型理论的造价控制基本模型的基础上，探讨建立健全全生命连续时间造价动态系统的优化和控制模型，根据所获信息的性质，建立有约束和无约束的造价动态系统最优控制模型，进一步拓延庞德里亚金连续控制模型的实证研究和离散控制模型的建立及实证研究，实现投资量、工期、质量目标的最优控制。

1.2.3 政府投资建设项目全面投资组织管理的理论和方法研究

政府投资建设项目投资组织管理体系具有典型的耗散结构、生物进化特点，即各种影响因素遵循着自适应、自繁衍、自组织的规律，本书拟在前人研究的基础上，进一步深化研究。

① 建立政府投资建设项目投资组织管理的人员、组织、权力、资金、资源等相互竞争、约束、制衡机制的理念和思想，探索建立外部以政府、人大、政协、司法等多权制衡政治体制模式为保障，内部以投资、建设、管理、使用四权分立的政府投资建设项目管理模式为基础的政府投资建设项目内外监督制衡机制，尝试探讨建立政府投资建设项目内外监督制衡机制的优化控制模型，对多权、资金、资源控制模式进行仿真模拟演化，选择最优权力、资金、资源控制制衡模式。

② 进一步健全和完善政府投资建设项目内部决策、管理、建设、使用四权分立的以建设管理局为基础的双层代建制度，并进行相应实证研究。

③ 改革传统的项目建设组织方式，建立完善的全面的工程咨询代理制度。根据投资项目的特点，引进和实施国外先进的CM方式、Partnering、PFI、非政府组织（NGO）建设方式。大力发展专业化、社会化的工程咨询代理和NGO机构。

④ 改革和完善现行的政府工程估测监督方式，建立符合市场经济和建筑产品特点的全面的工程估算监督制度。

⑤ 建立以工程担保和工程保险为主要内容的全过程风险管理制度及机制，实施全面的决策风险管理。

⑥ 提出政府投资建设项目及全社会诚信敬业记录制的实施方案。

1.3 研究意义

通过研究，建立适合我国国情的、符合国际惯例的政府投资建设项目全生命周期复杂系统控制管理模式，为从根本上解决我国政府投资建设项目“三超”“烂尾”“马拉松”等问题，在保证工期质量前提下，确保政府投资建设项目投资额度合理，实际投资不超过投资限额，杜绝腐败和滥用资金现象。为政府项目的投资管理、决策、实施部门和单位提供决策依据。这项研究可以在以下方面进行应用并有望产生可观的经济效益和社会效益。

在政府投资建设项目决策阶段，可提供与现实拟合性好、准确性高的非线性全生命周期造价预测模型，为项目投资方案优化、设计优化提供可靠决策依据，力图消除和避免项目决策失误、投资估算目标准确性差的现象。

在工程实施和运营阶段，可提供保真性强、具有实际可操作性的政府投资建设项目非线性控制模式，对规范政府支付和采购、项目运营提供措施建议，有效控制投资，最终避免政府投资的失控现象，缓解财政投资压力。

在政府投资建设项目的管理监控活动中，提供先进的管理监控制度建议以及具体、科学的投资预测控制方法和建设方式，以达到在随市场进行投资的合理调整下的严格投资控制，最大限度发挥政府投资的效用，通过选择最优的权力制衡模式达到从制度源头上根治腐败的目的。

1.4 研究思路

本书在掌握大量第一手材料的基础上，对我国及其他一些发达国家和地区的工程投资控制现状进行充分比较分析，对掌握的材料进行深入细致的归纳、总结、比较和扬弃，继承我国传统做法中的积极部分，借鉴发达国家和地区经验中的有益做法。在定量实证方法上，探讨运用试验经济学理论方法创新非线性定量分析模型的试验验证方法。在定性实证方法上，运用调研-比较-分析-扬弃-创新的技术路线和工作思路，并向我国主要投资管理部门征求意见，在其支持下进行试点试验工作。研究按照以图 1-1 的思路进行研究。

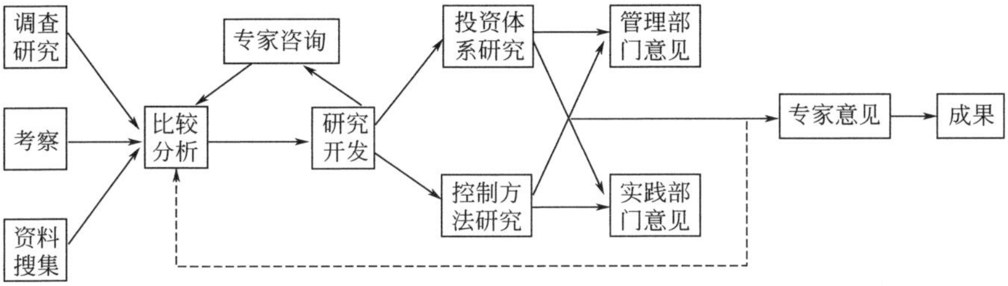

图 1-1 本书研究思路

1.5 研究特色和创新之处

本书是工程项目管理和工程造价控制的交叉性前沿问题研究，涉及宏观经济管理和微观项目投资控制，既有理论探讨又有实践方法研究。项目研究针对我国普遍存在的现实问题展开，将在大量借鉴发达国家和地区经验的基础上，结合我国的具体情况和发展动态，运用最新的技术和原理构造我国的政府投资建设项目投资全面动态控制模式。具有创新性的主要有：

① 在大量历史数据下，基于 WLC 和 CS 理论方法的神经网络法及模糊聚类预测投资目标方法；

② 在无类似工程数据下，基于 WLC 和 CS 理论方法的模糊判别法及模糊聚类预测投资目标方法；

③ 庞德里亚金极值优化投资控制的连续和离散模型建立；

④ 基于 CS 理论的 EVM 优化控制方法；

⑤ 以政府投资建设管理局为基础的双层代建制政府投资建设项目管理模式的建立。

1.6 研究应用前景

本书意在探索我国政府投资建设项目的投资确定和控制管理理论及方

法，是一项宏观和微观、定量和定性分析结合，跨建设项目管理、工程管理和财政管理学科的研究著作，这项研究可以在以下方面进行应用并有望产生可观的经济效益和社会效益。

在工程建设领域的政府开支管理改革中应用，对政府投资建设项目的管理机构及其体制改革提供理论依据，对规范政府支付和采购提供措施建议，最终避免失控现象，解除财政投资压力。

在政府的建设项目投资确定和决策中的应用，提供市场化的科学计价方法建议，从而做到核算真实的成本费用，选择最优投资方案和设计方案，避免工程“三超”（即工程概算超工程估算，工程预算超工程概算，工程决算超工程预算），节省财政资金。

在政府投资建设项目的管理监控活动中应用，提供先进的管理监控制度建议以及具体、科学的以非线性理论为基础的投资预测及控制方法，以达到在随市场进行投资的合理调整下的严格投资控制，最大限度发挥效用。

第2章

政府投资建设项目概述

2.1 政府投资建设项目

2.1.1 投资项目

投资项目是指将一定数量的资金或资产投入到某种具有特定目标的对象、任务和事业，以获取一定的经济效益和社会效益。

根据世界银行的解释，投资项目是在规定的期限内，为完成一项（或一组）开发目标而规划的投资、政策、机构以及其他各方面的综合体。一个投资项目一般要包括以下因素中的几个。

① 具有能用于土建工程和（或）机器设备及其安装等投资的资金。

② 具备提供有关工程设计、技术方案、实施施工监督、改进操作和维修等业务能力。

③ 拥有一个按集中原则组织起来的，能协调各方面关系，促进各类要素合理配置，高效、精干的组织机构。

④ 改进与项目有关的价格、补贴、税收和成本回收等方面的政策，使项目能与所属部门和整个国民经济的发展目标协调一致，并提高项目自身的经济效益。

⑤ 拟订明确的项目目标以及项目的具体实施计划。

按照项目产品自身的特点及其市场环境，投资项目可分为：竞争性投资项目、基础性投资项目和公益性投资项目。

竞争性投资项目主要指投资收益比较高、产品垄断程度低、市场调节比较灵敏、竞争性比较强的一般项目。这类项目一般由企业担当投资主体。

基础性投资项目主要指那些具有自然垄断性、建设周期长、投资额大而收益低的基础设施和需要政府重点扶植的一部分基础工业投资项目，以及直接增强国力的符合经济规模的支柱产业投资项目。这类项目多数属于政策性投融资范围，它主要由政府集中必要的财力、物力，通过经济实体担当投资主体。另外还吸收地方、企业参与投资，鼓励大型骨干企业参与投资，有时还可吸收外商直接投资。

公益性投资项目是指那些不为赢利，而为实现一定的社会职能或满足社会的公共需要及人民福利而进行的投资项目，包括科技、文教、卫生、体育和环保等事业的投资，公、检、法等政权机关的建设投资，以及政府机关、社会团体办公设施、国防建设等投资。这类投资项目主要由政府财政资金安排，理应由政府直接担当投资主体。

2.1.2 政府投资建设项目

政府投资建设项目相对于我国而言是一个在改革开放中出现的新的概念。国外称为 Government Project 或 Public Project，政府投资建设项目是指为了适应和推动国民经济或区域经济的发展，为了满足社会的文化、生活需要，以及出于政治、国防等因素的考虑，由政府通过财政投资，发行国债或地方财政债券，利用外国政府赠款以及国家财政担保的国内外金融组织贷款等方式独资或合资兴建的固定资产投资项目。

深圳市政府首次在政府文件中提出政府投资建设项目这一概念，即：政府投资建设项目是指利用市级预算内资金、土地开发基金以及其他财政性资金所进行的固定资产投资建设项目。对于政府投资建设项目的概念的认识是一个渐进加深认识的过程，应该看到，政府投资建设项目无疑比财政性基本建设资金投资项目的内容更宽，除了财政性资金外，还应包括财政担保的国内外金融组织的贷款、外国政府赠款以及国际援助资金等。鉴于此，1999 年下半年，由财政部牵头，组织有关专家学者多次进行专题讨论，最后于 2000 年年初出版了《政府投资建设项目标底审查实务》一书，并在该书中正式提出了政府投资建设项目的定义。

2.2　政府投资建设项目的分类和特点

2.2.1　政府投资建设项目的分类

一般而言，在市场经济条件下，政府投资选择会遵循以下几个原则：弥补市场失效的原则；维护市场配置功能的原则；调节国民经济运行的原则。政府投资建设项目根据不同方法，可作如下不同分类。

（1）财政性投资项目

包括财政预算内、预算外基本建设资金投资的项目，也包括使用纳入财政预算管理专项基金中的用于基本建设投资的项目。

（2）国债专项投资项目

国债专项资金是近年来中央财政通过增发国债专项用于基础设施等方面建设的资金，除部分资金用于技术改造项目的贴息外，绝大部分用于基本建设项目。国债专项资金中，无论是中央财政投资、中央补助地方投资还是转贷地方资金，都是财政资金，因此必须纳入财政基本建设支出预算管理范围。

（3）财政担保银行贷款建设项目

由国家或地方财政部门承诺担保的银行贷款建设项目大多是非盈利的公共项目，也包括少量虽盈利但投资回收期较长项目。对于非盈利的项目，一般由财政部门负责筹措资金还本付息；少数有盈利但投资回收期较长的建设项目，也由各级财政部门承担风险，故此类项目也应纳入政府投资建设项目并严格管理。

（4）国际援助建设项目

国际援助支持的建设项目，一般侧重于对受援国的基础设施和公共建设项目提供无偿援助或低息贷款，受援国政府是项目资金的接受者，并负责项目资金的运用。对于大型政府投资建设项目提供援助的国际组织主要有世界银行及其他区域性经济组织，友好国家的援助也是国际援助项目资金的重要来源。

2.2.2　政府投资建设项目的特点

由于政府投资建设项目是以政府财政基本建设资金为投资主体的项目，

所以它具有与一般投资项目不同的特点。从理论上分析，政府投资建设项目应该大多数是为社会提供公共产品，即主要提供非盈利的为社会大众所需的项目。但可能也包括一些虽盈利，却难以收回投资或投资回收期较长的基础设施项目。在近期，政府投资建设项目也可能会涉足部分高风险、高收益的高新技术产业等。综上所述，可以概括出政府投资建设项目的主要特点如下。

① 政府投资建设项目大多数集中在为社会发展服务，非盈利的公益性项目。

在市场经济体制下，一般经济组织的投资活动都追求自身利益的最大化，所以除政府财政基本建设资金以外的投资都会追求高收益的回报，而对非盈利、难以盈利或投资回收期较长的项目则不会涉足，但这些非盈利、难以盈利或投资回收期较长的项目又往往是国家或区域发展经济必不可少的基础设施，是关系到改善投资环境、改善人们生活、加强国防安全的设施，所以国家财政基本建设资金必须集中投资在这些公益性的基础设施上，为国民提供社会的、综合的生活基础。正是由于这个特点，在发展中国家，由于基础设施短缺，所以政府投资建设项目所占比例相对发达国家和地区较大。

② 超大型政府投资建设项目比一般项目投资大、风险大、影响面大。

投资大、风险大的超大型政府投资建设项目，如果没有政府资金的介入，任何其他投资都不可能承受如此巨大的风险。但是一旦项目决策上马就将形成巨大的生产力，并影响着与该生产力相关的诸多产业和部门，影响着区域经济的发展与产业结构的再造，甚至影响到整个社会经济的发展与人们生活质量的提高。所以这些工程项目必须通过政府投资。

政府投资建设项目风险巨大。如果项目在工程建设中应用先进的科学技术和管理方法，其劳动生产率将得到极大的提高，特别是一些高新技术的应用将给项目带来巨大的附加价值；如果项目决策正确合理、方案先进可行，将不仅仅是取得巨大的社会效益和经济效益，还将为公众创造方便、舒适和安逸的生活环境。但如果项目决策不科学，事先没有充分考虑各种风险因素，从而导致项目失败，那么带给国家或地区的将不是巨大的生产力、社会效益和经济效益，而将是沉重的财政负担、资源环境的破坏污染，甚至是整个生态系统的严重失衡、人类生存环境的破坏。所以，政府投资建设项目必须进行全过程的决策风险管理。

③ 政府投资建设项目具有比一般项目更严格的管理程序。

各国政府出于在纳税人中树立廉洁、高效的形象，保证政府投资建设项目的投资效益，一般采取了更严格的管理程序。这主要表现在：要按照国家规定履行报批手续，严格执行建设程序；严禁挤占、挪用政府投资；严禁边勘探、边设计、边施工的“三边”工程；财政部门要执行项目评审程序，以保障财政基本建设资金不被浪费。

④ 政府投资建设项目更容易受到社会各界舆论的关注。

由于政府投资建设项目大多涉及社会公众文化或生活的各个方面，用的又是国家或地方财政的资金，从根本上说是纳税人的钱，所以涉及社会公众的切身利益，理所当然地成为社会舆论的关注焦点。因此，政府投资建设项目也要注重公共关系工作，要设立专门公共关系部门或人员负责与媒体的联络或直接与公众对话，向社会直接、间接地报告政府投资建设项目的建设意义、施工进展、施工质量、建成后的对公众生活质量改善的具体情况。争取舆论的支持，自觉接受公众舆论的监督，是政府投资建设项目顺利完成的重要保障。

2.3　政府投资建设项目的管理主体

2.3.1　投资主体

顾名思义，政府投资建设项目的投资主体就是政府。但是，随着我国社会主义市场经济体制的建立，投资领域逐步引入市场竞争体制，开始出现投资主体多元化趋势，私人投资不断发展壮大，并渗透到基本建设投资领域。政府投资在与私人投资相结合的过程中，政府可不作投资主体，而让私人作为投资主体，政府仅作为使用者付出租金，如国外的PFI方法，同时适时减少竞争性领域投资，把资金主要投在非竞争领域，做好自身“裁判员”的角色，为全体国民提供更好的基本服务。

党的十四届五中全会通过的《中共中央关于制定国民经济和社会发展“九五”计划和2001年远景目标的建议》要求在投资领域，“要明确投资主体，建立严格的投资决策责任制，强化投资风险约束机制，谁投资谁决策谁承担责任和风险。全面推行建设项目法人责任制和招标投标制度，把市场竞争机制引入投资领域”。政府投资建设项目虽然应当具备比一般民间项目更严格的基本建设程序制度，但是绝不能超越整个投资领域，脱离市场竞争。如果政府投资建设项目没有明确的投资主体，整个投资领域的市场竞争必将畸形发展。

2.3.2 决策主体

政府作为政府投资建设项目的主要甚至唯一投资主体，理应同时充当政府投资建设项目决策主体。另外，外部团体及公众的参与也为政府机构提供了决策支持。但是因此而产生的错综复杂的利益格局也造成政府投资建设项目决策困难。政府投资建设项目的目的是最大限度地满足广大人民群众不断增长的物质和文化生活需要。然而，国民经济系统中的不同部门、地区和企业构成了相对独立的有着各自经济利益的不同利益主体。一方面，国家从长期经济发展目标出发，政府投资建设项目需要向一些重点产业、地区和部门倾斜。另一方面，地方、部门和企业为了加强自身在国民经济中的地位和各自的经济利益，千方百计争取国家尽可能多的政府投资拨款和贷款。我国政府本着集体主义的根本原则，地区、部门的局部利益必须服从国家整体利益，在两者发生矛盾时，地区和部门应该以牺牲自身利益为代价来维护国家整体利益。

2.3.3 管理主体

目前实行的是以项目法人（业主）为中心，咨询、监理为中介，工程公司（承包商）全方面、多层次的技术经济责任制。项目法人（业主）对项目的策划、资金筹措、建设实施、生产经营、债务偿还和资产的保值增值，实行全过程负责；咨询单位在项目的立项决策阶段，接受业主的委托，进行市场调查和预测、研究，推荐工程方案和建设规模等并进行投资核算及投资收益率的测算等。帮助业主进行正确决策，承担政府的咨询责任；监理单位在项目确定后接受业主的委托，对建设项目进行监理，以确保项目建设目标的实现，包括协助业主评选承包商，在项目实施中检查监督工程进度、质量并进行合同费用审查，承担相应监理责任；工程公司（承包商）在项目的实施阶段，通过投标中标签订承包合同，负责组织项目的建设，包括工程设计、设备材料采购、供应、施工管理和运营等。实行科学管理和进度、质量、费用的控制，项目建成时考核验收，承担建设工期、质量、造价等全部工程建设管理的责任和相应的风险。

但从实践的效果看，还存在一定的问题，笔者认为主要有以下几点。

(1) 项目法人责任制与政府官员负责制混淆

在工程项目的建设过程中，法人责任制变成了官员个人负责制，项目法人拥有设计、施工、监理单位的委托权，资金的使用权，他可以根据自己需要，要求设计院进行设计变更，要求施工队进行材料、设备的变更，要求监理的工作范围进行变更，使他的个人利益在这些变更中得到合法化的实现。

(2) 法人责任制为行政干预提供了条件

一些重点工程的法人代表由政府机构中的某一负责人担任，这就在工程项目的法人与政府之间形成了上下级关系，政府变成了出资方和建设方，法人也变成了出资方和建设方，法人只负行政责任，不负法律责任，抹去了政府与工程项目法人之间的出资方与建设方的合同关系。

(3) 法人责任制与监理制发展相矛盾

法人责任制授予业主对工程项目的决策、规划、筹资、建设、项目运营后还贷等权力，掌握着工程项目的规模、资金、质量、工期，并拥有选择设计、施工、监理队伍的权力；监理制要求监理守法、诚信、公正、科学，同时要求监理在工作中坚持社会性、服务性、独立性、科学化、规范化的工作，担负起维护社会公共利益和国家利益的特殊使命。目前我国的监理工作范围主要集中在政府投资的社会公益项目中，这在《建筑法》及国家颁布的一系列监理规章中已有明确规定，但在我国监理制已推广十多年并进入全面推行的今天，监理制并未发挥其应有的作用。项目的前期决策，监理根本无权参与，设计监理也处在字面上，大量实施的施工阶段监理中，监理单位也仅拥有对质量的发言权，不拥有否决权；对投资、进度几乎无权；在设备订购、材料选用、设计变更、施工变更洽商方面监理变成摆设；在分包队伍的选用、月进度款的拨付上，监理也仅是例行程序，甚至绕过监理；监理与甲方的平等主体关系在甲方掌握项目发包权、监理酬金拨付权的支配下，监理只得承认甲方的雇主地位，更何况法人责任制明确了甲方对工程负全责，监理的社会性作用也就无根生存了，只剩下服务性，监理工作的好坏由甲方说了算，监理公正、科学地对工程建设行使第三者执法的作用也变成了甲方的附庸。

2.4 政府投资建设项目管理

政府投资建设项目管理是一个历史的范畴，随着国家经济体制改革的不断深入，政府投资建设项目管理的内容也在不断变化，日益科学化、严密化、系统化。根据现在的各种文件规定，政府投资建设项目管理有：建设程序管理制度、政府采购制度、项目法人责任制、工程合同管理制、建设监理制、财政基本建设资金评审与财务管理制度等内容。

2.4.1 建设程序管理制度

建设程序是指建设全过程中各项工作必须遵循的先后顺序。这个先后顺序是指建设过程中各环节、各步骤之间客观存在的不可破坏的先后顺序，反映了建设项目本身的特点和客观规律。因此，建设程序由国家建设行政主管部门和计划主管部门共同制定颁布，建设项目必须遵守建设程序，固定的建设程序管理制度虽然有时看起来反应速度慢，但可以有效控制项目建设，保障项目的实际效果和投资的有效使用。

2.4.2 政府采购制度

建设领域中政府采购制度是发源于西方发达国家的一项规范政府投资建设项目材料、设备以及施工、管理服务、采购行为的制度。为了保证政府采购的公正、公平、公开性，便于纳税人监督，政府采购制度的核心是实行竞争性招标制度。

我国从 20 世纪 90 年代中期开始试行政府采购制度，取得了良好的效果，既减少了政府采购支出，又赢得了社会各界的赞赏。1999 年我国人大颁布了《招标投标法》，进一步从法律制度上明确了政府采购的基本形式即招投标制，为规范政府采购制度奠定了法律基础。财政部为了规范政府采购行为，加强财政支出管理，提高财政资金使用效益，促进社会和经济发展，根据有关法律、法规制定了《政府采购办法》，于 1999 年下半年实施。该办法针对政府采购的一些普遍性问题做了明确规定。

我国加入世界贸易组织（WTO），必须遵守 WTO 的《政府采购协议》（即 GPA），其中最经典的原则就是竞争性和无歧视性。竞争性即要求招标程序必须符合国际竞争性招标原则（ICB），包括低价中标原则等；无歧视性即必须向全球供应商公开招标，不得设置歧视性评标定标程序，妨碍开放性。

2.4.3 工程合同管理制

为适应社会主义市场经济体制需要，加强政府投资建设项目管理，保护政府投资建设项目工程合同双方的合法权益，应该对政府投资建设项目实施严格的工程合同管理制。工程合同管理包括勘察、设计合同管理、总承包合同管理、建设监理合同管理以及材料、设备采购合同管理和施工合同管理等内容，但工程合同管理的核心是施工合同管理。

政府投资建设项目实施工程合同管理制的最大难点，在于索赔制度的实施。一般而言，政府各部门对政府投资建设项目实施严格的评审制度，审计机关也对项目工程预算执行严格的审计，政府对承包商的索赔一般都采取了严厉的管制，使承包商的索赔难以成功。但是索赔是工程管理领域中的国际惯例，政府有关部门应尊重这一惯例，要采取有效措施控制索赔，但不能制止索赔，索赔是双向的，即承包商可以向业主索赔，业主也可以向承包商索赔。

2.4.4 建设监理制

为了保证目标的实现，国家要求政府投资建设项目必须实施建设监理。工程建设监理是指监理单位受项目法人的委托，根据国家有关部门批准的工程建设文件、法律法规和工程建设监理合同及其他工程建设合同，对工程建设实施的监理工作。建设监理制的推行很大程度上改善了建设项目的质量控制和投资控制。

2.4.5 政府投资建设项目的评审与财务管理制度

政府投资建设项目财务管理的思路就是：以提高投资效益为核心，以政府的财政性资金管理为重点，通过深化投资体制改革，逐步建立以财政基本建设支出预算管理、投资项目管理和投资效益监督管理为主要内容的投资调控管理体系。为此，要尽快建立和完善“三项制度”，即基本建设支出预算编制制度，投资项目的概、预、决算审查和财务报表审核制度，投资效益的分析报告制度，总称为政府投资建设项目的评审与财务管理制度。推行“三项制度”，就是要明确财政基本建设管理工作的主要内容和具体途径，做好基建资金预算编制，工程预（结）算、决算审核，财政资金拨付，项目竣工财务决算批复和投资效益分析评价五个环节的工作，认真解决我国目前财政基本建设中的盲目投资、重复建设、资金使用效益低和损失浪费严重等问题，逐步实现对财政性投资资金使用的全范围、全过程监督管理，把政府投资建设项目工作真正转到以提高财政性投资资金使用效益为中心的轨道上来。

2.4.6 政府投资建设项目的监督

我国政府投资建设项目的监管包括政府内部的监管及政府外的公众和社会监督两部分。在政府外部，鼓励公众和新闻媒体对政府投资项目进行监督，建立政府投资项目公示制，除涉密项目外，凡是政府投资的项目，无论是全额投入还是补助投入，都要向社会公示，接受公众和新闻媒体监督。不断完善项目举报制度，鼓励公众和新闻媒体对政府投资项目的违法、违规和腐败行为进行举报、曝光。在审批项目建议书前，决策部门通过公示、专家评议等方式广泛征求社会各界和公众的意见，公众可通过举报电话、网站和信箱等方式，举报政府投资建设项目在审批、建设和运营管理中出现的违法行为。

在政府内部，目前政府投资建设项目主要由政府投资主管部门、财政部门、审计部门及行业主管部门进行监督管理。

政府投资主管部门内部行政监察机构负责对所在部门的政府投资计划制定、投资项目咨询论证、评估、项目决策等环节进行监督，其内设重大项目稽查办负责检查国家重大建设项目贯彻执行有关法律、行政法规和方针政策的情况，以及项目的招标投标、工程质量、进度等情况，跟踪监测项目实施，根据情况给予项目单位通报批评、暂停拨款、撤销项目等处理措施。

财政部门主要从建设资金拨付、使用和财务管理等方面对项目进行监管。财政投资评审中心负责对政府投资项目的概算、预算和竣工决（结）算进行评审，对使用科技三项费、技改贴息、国土资源调查费的项目进行专项核查，对违反规定挤占、截留、挪用项目财政资金的行为进行处罚，对资金拨款进度进行监控。

行业主管部门，如铁路、民航、交通、建设、环保、规划等在各自的职责范围内依法实施专项监督，在竣工验收阶段，如涉及水土保持、环境保护、消防、人民防空、安全生产、建设档案等，由行业主管部门依法组织专项验收并进行后评价。

审计部门主要对项目建设单位含项目法人进行审计，必要时也可以依照法定程序对勘察、设计、施工、监理、采购、供货等单位与政府投资建设项目相关的财务收支进行审计，还可以根据需要，对专项建设资金的征集、管理与使用情况以及其他重要事项进行专项审计。

纪检监察机构主要针对党员干部廉洁自律进行监督检查，对参与政府投资建设项目实施的党员干部进行纪律监督，通过签署廉政责任书的方式，使其明确自身的廉政责任。对于违法的党员干部，给予党内批评、通报批评、撤销党内职务或开除党籍等处分。

政府内部监督实际上就是由各职能部门对与自身工作业务相关的那部分投资活动进行监管，这种监管体制最大的优点是部门对与本部门业务活动相关的投资活动的情况比较熟悉，便于了解；缺点是由于将完整的投资监管活动人为地分割为若干段、若干部分或若干方面，不利于对政府投资进行全面和完整的监管。另外，自己监管自己，缺少外部压力，责任难以落实。

2.5　小结

本章主要介绍政府投资建设项目的基本概念，是本书的研究基础。本书力图从另一个方面来努力，以期找到在目前的管理控制模式下可以直接应用的非线性数学方法，从而快速、有效地应用到政府投资建设项目的投资控制中，并产生良好的效果。

第3章

政府投资建设项目全生命周期成本的确定理论和方法

政府投资建设项目具有结构复杂、规模庞大、工期较长、一次性或单件性的特点，工程造价具有动态性和不确定性，受时间因素影响较大，从投资决策、设计、建设、竣工决算、运营维护到报废，工程造价经历从不确定（模糊）、渐进到确定的过程，但从投资控制的角度，越是前期不确定的投资越是起着至关重要的目标控制作用。

可行性研究决策阶段是政府投资建设项目投资额估算的关键阶段，其投资估算额是随后各个阶段投资控制的最高目标，它的准确与否对整个项目的投资控制起着决定性作用。但此阶段也是投资确定信息最不确定、最不充分和最模糊的阶段，如何从大量的、杂乱无章的、强干扰的数据中挖掘潜在的、有利用价值的投资信息是本书研究的焦点。

本章拟从投资估算确定入手，主要进行以下研究：①在可行性研究和设计阶段，运用全生命周期投资理论进行投资项目投资估算、设计概算和施工图预算的编制，树立以全生命周期最低进行投资、设计方案优化的思想；②运用显著性成本法简化投资估算、设计概算或修正概算计算程序；③在有足够类似的工程投资数据条件下，选择足够数量的类似工程作为训练样本，运用BP神经网络模拟人脑思维能够有效处理造价和影响因素非线性关系的优点，利用大量历史样本训练神经网络模型，进而预测出拟建项目的显著成本项目造价和显著性因子；④运用模糊聚类方法进行拟建项目CSIs和显著性因子的贴近度聚类和投资估算，并进行差异修正；⑤当类似工程的工程投资数据不足时，运用GM(1,1)或GM(1,N)灰色预测系统进行新建项目投资估算；⑥当类似工程的工程投资数据匮乏（没有或仅有极少量数据）

时，利用以模糊语言形式存在的专家经验，采用模糊推理系统对新建项目进行投资估算；⑦运用遗传算法（GA）很强的鲁棒性和适应性等优势，建立基于 WLCS 和 GA 的投资估算模型。

3.1 以全生命周期投资（WLC）理论为基础

在工程项目整个生命周期内各个阶段，必须运用全生命周期投资理论进行投资确定、设计方案、施工成本和运营维护成本优化，从而树立以全生命周期造价最低为最优的投资测算和控制理念。

（1）WLC 的基本概念

全生命周期投资（Whole Life Costing，WLC），在不同文献中也叫“Life Cycle Costs”“Total Life Costing”“Through Life Costs”“Costs in Use”“Total Cost of Ownership”“Total Cost”等名称。根据 BS ISO 15686 标准，WLC 分析的定义如下：“评估建筑产品建造绩效及帮助在不同备选方案间做出选择的工具，这些方案都能满足客户需求，但是具有不同的初始造价和运营成本”。

全生命周期造价管理是一种实现工程项目全生命周期，包括建设期、使用期和更新与拆除期等阶段总造价最小化的方法。全生命周期造价管理是一种可审计追踪的工程成本管理系统。

① 全生命周期造价管理是工程项目投资决策的一种分析工具，是一种用来选择决策备选方案的数学方法，在工程项目投资决策、可行性分析和项目备选方案评价等项目前期工作中起到了决策思想和决策支持工具的作用。

② 全生命周期造价管理是建筑设计的一种指导思想和手段，是计算工程项目整个服务期内所有成本以确定设计方案的一种技术方法，通过指导建筑设计者综合考虑工程项目的建造成本和运营与维护成本，从而实现更加科学的建筑设计和更为合理地选择建筑材料，以达到降低项目全生命周期成本的目标。

③ 从工程项目全生命周期的阶段构成和全生命周期造价管理的目标出发，全生命周期造价管理不仅可以在投资估算阶段使用，也可以应用于其他阶段投资确定和控制。

（2）WLC 的阶段划分

根据 BS ISO 18686 标准，建设项目整个生命周期包括如下阶段。

① 项目取得（Acquisition）阶段。项目取得阶段通常包括所有必要的设计和施工活动，比如土地费、管理费、设计费、施工成本等。

② 使用和维护（Use and Maintenance）阶段。使用和维护阶段是工程项目整个生命周期中最长的阶段。这个阶段的成本消耗在项目总造价（WLC）中占很大比例，所以对该阶段进行合理设计和优化将大大减少项目总造价（WLC）。

③ 更新和修理（Renewal and Adaptation）阶段。更新和修理阶段并非在所有的建设项目中都存在，但只要它存在，新一轮的使用和维护费用就会重新发生。这个阶段在弃置阶段到来之前可能会多次发生。

④ 弃置（Disposal）阶段。弃置阶段包括拆除和场地清理，如果可能还包括废弃物再利用及搬运。从成本-收益角度来看，该阶段既可能是净支出，也可能有净收益，这取决于建筑物期末的残余价值。

根据我国工程造价具体情况，建设项目全生命周期工程造价管理阶段可划分为决策阶段、设计阶段、实施阶段、竣工验收阶段和运营维护阶段。对每一个阶段，与此阶段相关的工程造价管理各方都有不同管理，全生命周期工程造价管理阶段划分如图 3-1 所示。决策阶段对应工程造价管理的投资估算，设计阶段对应工程造价管理的初步设计概算和施工图预算，实施阶段对应工程造价管理的工程合同价，竣工验收阶段对应工程造价管理的竣工结算和竣工决算，运营维护阶段对应运营和维护成本。

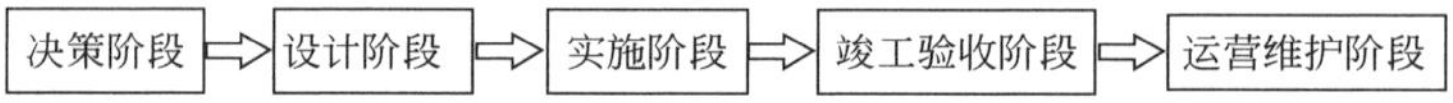

图 3-1 全生命周期工程造价管理阶段划分

（3）WLC 的分析期限

“建设项目生命期”（Building Service Life）和“建设项目要素或构件寿命”（Building Elements or Components Lives）是不一样的。项目 WLC 估计的一个重要变量是“建设项目生命期”。根据 Kirk 和 Dell'Isola（1995年），“建设项目生命期”有以下定义。

① 技术生命期（Technological Life），指由技术原因（比如技术进步）引起建设项目过时废弃的周期。

② 可用生命期（Useful Life），指建设项目按已定性能标准正常运行的时期。

③ 经济生命期（Economic Life），指建设项目完成其功能最经济的选择

期间。WLC 正是以该时期作为分析基础。

（4）WLC 的实施

全生命周期造价涉及三个阶段：初始建造阶段、运营维护阶段、弃置回收阶段。相应涉及三种成本：初始建造成本、运营和维护成本、净弃置成本。

① 初始建造成本的计算。初始建造成本的计算建立在对已完工程造价信息整理、分析基础上的数据库管理。在国外工程管理发展历史长，已完工程信息数据积累多，同时配合以政府间接调控、造价师动态管理、统一的合同文件等一系列制度保证。国内目前已着手这方面的工作，但达到完善程度尚需时日。

② 项目运营和维护成本的计算。项目运营和维护成本的计算首先需要确定工程未来的运营和维护方案，对于每个方案要给出详尽的未来运营和维护成本范畴的定义及每种成本的计算方法，生成准确的运营和维护成本函数。由于运营和维护成本发生在不同时期，还应确定合适的贴现系数。国外已开发多种基于全生命周期成本分析的计算软件，便于数据的存储和生命周期成本的计算；并且可生成标准的生命周期成本分析报告，便于对生命周期成本数据和文档进行统一管理。全生命周期造价按逻辑顺序的实施步骤分为七步，如图 3-2 所示。

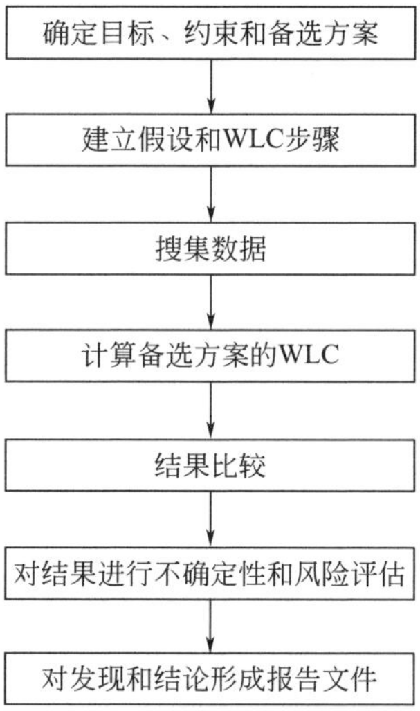

图 3-2　全生命周期造价的实施步骤

（5）WLC 的经济分析方法

主要有净现值法（Net Present Value，NPV），即把将来的现金流按一定折现率折现到当前时间，作为当前的资金考虑的一种方法。WLC 的净现值公式如下。

$$\mathrm{NPV}_i=\sum_{i=0}^{T}\frac{C_t^i}{(1+d)^t} \tag{3-1}$$

式中 NPV_i——某建筑要素 i 的净现值；

C_t^i——时刻 t 备选要素 i 的成本估计；

d——折现率；

T——以年计的分析期。

当业主谋求最小的 WLC 时，NPV 法是一种非常合适的技术手段。此时，把 WLC 的 NPV 值作为一个决策标准。其他常用的衡量手段包括内部收益率（IRR）法、投资回收期法、年金法、等年金值法和投资利税率法等。

（6）WLC 的基本思想和方法

全生命周期造价（Whole Life Cost，WLC）是寻求项目全生命周期内各阶段成本和整个总成本最小化的一种优化思想和方法，是对我国当前建筑业全过程投资确定和控制理论的拓展及提升。

现有文献中大多数全生命周期造价确定模型采用 NPV 法，一般仅考虑运营维护阶段，使用以下模型。

$$\mathrm{NPV}_j=C_{Oj}+\sum_{t=1}^{T}{}^dO_{jt}+\sum_{t=1}^{T}{}^dM_{jt}-{}^dSAV_j \tag{3-2}$$

$${}^dSAV_j={}^dRV_{jT}-{}^dDC_{jT} \tag{3-3}$$

式中 C_{Oj}——备选方案 j 的初始造价（比如，设计费、建造费等与获得建设项目相关的其他初始费用）。

将 C_{Oj} 拓展为整个建设期，将其发展为如下模型。

$$\mathrm{NPV}_j=\sum_{t=1}^{T_1}{}^df_{jt}(K)+\sum_{t=T_1+1}^{T_1+T_2}{}^df_{jt}(E)+\sum_{t=T_1+T_2+1}^{T_1+T_2+T_3}{}^df_{jt}(X)+\sum_{t=T'-T_4+1}^{T'}{}^df_{jt}(S)+\sum_{t=T'+1}^{T}{}^dO_{jt}+\sum_{t=T'+1}^{T}{}^dM_{jt}-{}^dSAV_j \tag{3-4}$$

式中 NPV_j——备选方案 j 的全生命周期造价的现值之和；

${}^df_{jt}(K)$，${}^df_{jt}(E)$，${}^df_{jt}(X)$，${}^df_{jt}(S)$——备选方案 j 各个时刻可行性研究、勘察设计、施工

费用（建筑安装、设备工器具、其他费）、竣工试运行等费用折现值；

T_1，T_2，T_3，T_4——可行性研究、勘察设计、施工、竣工试运行时间；

T'——建设期时间，$T'=T_1+T_2+T_3+T_4$；

T——从可行性研究开始到弃置的整个项目分析期；

${}^{d}O_{jt}$——备选方案 j 各个时刻运营成本（Operation Costs）折现值；

${}^{d}M_{jt}$——备选方案 j 各个时刻养护成本（Maintenance Costs）折现值；

${}^{d}SAV_j$——备选方案 j 在期末回收净值的折现值；

${}^{d}RV_{jT}$——备选方案 j 期末回收价值的折现值；

${}^{d}DC_{jT}$——备选方案 j 期末弃置成本折现值。

（7）WLC的形成过程及影响程度

全生命周期造价形成过程如图3-3所示，全生命周期各个阶段造价对总造价的影响程度如图3-4所示。

由图3-4可知，控制工程造价的关键在于可行性研究决策阶段和设计阶段，而在项目的施工阶段和运营维护阶段对投资的影响比例相对较小。在项目的设想和可行性研究阶段发生的费用一般只相当于工程项目总费用的

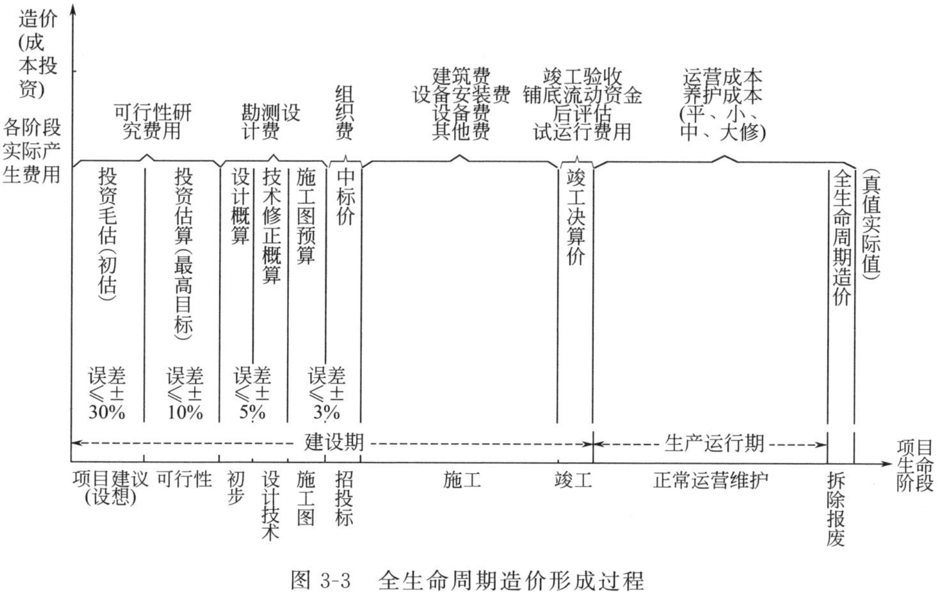

图3-3 全生命周期造价形成过程

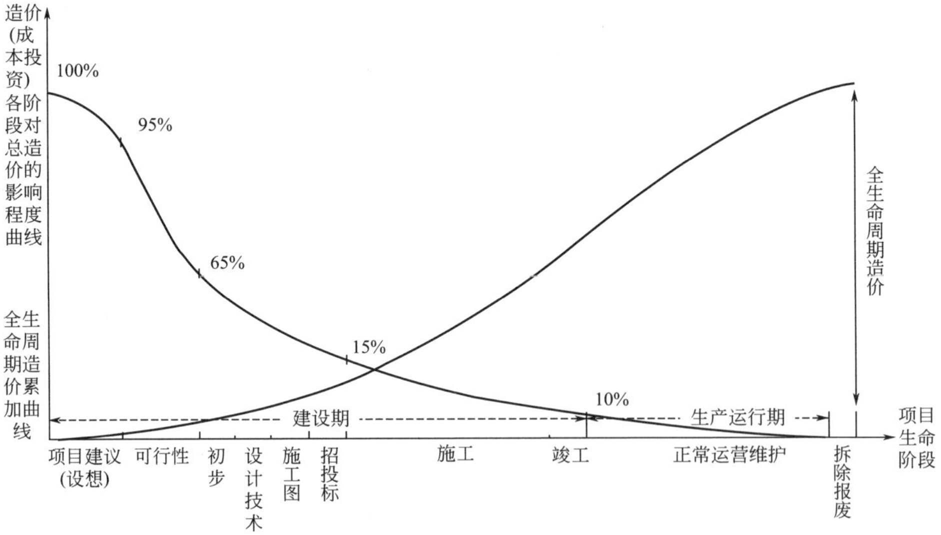

图 3-4　全生命周期各个阶段造价对总造价的影响程度

1%～2%，但是这1%～2%的费用对工程造价的影响程度却占65%～95%。设计阶段对投资的影响程度为15%～65%，而施工和运营维护阶段对投资的影响程度仅为5%～15%（表3-1）。在建设过程中，应对建设全生命周期的造价控制负责，严格按批准的可行性研究报告中规定的建设规模、建设内容、建设工期和批准的工程项目总投资进行建设，按照国家有关工程建设招标投标管理的法律、法规，组织设计方案竞赛、施工招标、设备采购招标等，努力把工程造价控制在批准的总造价以内。

表 3-1　项目各阶段发生的费用比例和决定投资的比例　　单位：%

项目阶段	设想和可行性阶段	设计阶段	施工阶段	竣工阶段	运营维护
发生费用比例	1～2	5～6	40以上	1	50
对投资影响程度	65～95	15～65	10～15	1	5～10

3.2 运用显著性成本（CS）模型简化投资确定和控制程序

3.2.1 显著性成本（CS）的基本思想

意大利经济学家 Vilfred Pareto 发现：社会财富不是均匀分布的，大约

20%的人口占有了社会80%的财富。人们称该发现为显著性理论。之后，人们又发现了许多遵循这个理论的社会现象。

显著性成本（Cost Significant，CS）思想来自于显著性理论。一个工程可以分解为众多的分项工程（Items），这些分项工程的造价分布非常不均匀，但如果按照分项工程的造价从高到低排序，把造价排在前20%的分项工程称为显著性成本项目（Cost Significant Items，CSIs），其余的分项工程称为非显著性成本项目（non-CSIs)(后面将介绍另一种划分CSIs和non-CSIs的方法)。如果工程项目符合显著性理论，那么按照该理论，占项目总造价约80%的CSIs在数量上应占分项工程总量20%左右。又因为non-CSIs（约占80%）虽然对项目总造价影响甚微（约占20%），但计算工作量（约占80%）要大大超过CSIs的计算工作量（约占20%）。因此只需仅仅关注项目中的显著性成本项目，就既能极大简化计算工作量，又能保证投资估算的精确度。

问题是工程项目是否符合显著性理论呢？国外在这方面已经有一些实证研究结果。Asif（1988年）、Al-Hajj（1991年）、Saket（1986年）、Zakieh（1991年）都发现了工程量清单中大约20%的最大分项工程大约占工程总造价80%的现象。

1981年，Dudee大学的建筑管理研究组（Construction Management Research Unit，CMRU）对25个项目的工程量清单进行了分析，得出结论：工程量清单中一小部分分项工程花费了工程总造价中的绝大部分款项。其他许多研究者对不同类型项目的工程量清单检验结果，也证实了工程项目中显著性理论的存在。比如，Saket（1986年）对24个工程量清单的研究揭示了占分项工程数目大约18%的CSIs，平均占总造价的81%。在Asif（1988年）、Al-Hubail（2000年）、Zakieh（1991年）的研究中也得出了相似的结论。

当然，目前还无法从理论上证明显著性理论的存在，也并非所有项目都“严格”符合显著性理论。但由于工程项目明显存在的分项工程造价的不均匀，占项目造价绝大部分比重的CSIs（比如75%），其个数在分项工程中所占比例将远远小于其造价所占比例。比如某工程项目有100个分项工程，占工程造价75%的CSIs项是25个。尽管不严格符合显著性理论，但是CSIs数量占分项工程总量的25%，远远小于其造价占总造价的比例75%，因此仍然能够极大地简化投资估算工作量。

下面是一个细节性问题：如何区分工程项目的显著性成本项目（CSIs）和非显著性成本项目（non-CSIs)？简单易行的办法是均值理论。均值理论表述如下：假设项目总成本为 S，分项工程的个数是 N，那么分部分项工程的平均成本就是 S/N。把那些成本大于平均成本的分部分项工程，称为显著性成本项目，小于平均成本的分项工程，称为 non-CSIs。如果 CSIs 不能保证在 30%之内，可进行二次平均。

3.2.2 CSIs 的一致性

投资确定常需利用已有同类工程数据，同类工程确定往往根据人们的经验。利用同类工程 CSIs 数据对待建工程项目进行投资估算，需要同类工程之间满足 CSIs 的一致性（Consistency）。

国外研究表明：同类工程具有几乎一样的 CSIs，而且显著性因子（Cost Significant Factor，即 CSIs 造价占项目总造价的比例）非常稳定。虽然不同的工程量清单中，CSIs 不可能完全一样，但在同类工程中 CSIs 存在大量相似之处。许多研究表明：同类项目的工程量清单中具有几乎相同的 CSIs。Saket（1986 年）也发现在同类工程中，CSIs 几乎相同。

Bouabaz 和 Horner（1990 年）与 Saket 有相同发现，并据此为桥梁维修建立了一个简化模型，将模型的复杂度降低了 60%；Asif（1988 年）将 Saket 的这个发现开发了桥梁、公路的投资估算模型；Mair（1990 年）利用这个发现开发了建设项目投资估算和投资控制模型。

3.2.3 CSIs 方法简化 WLC 计算和控制过程

将 CSIs 方法运用于 WLC 计算过程中，同理也可运用于控制过程中，可大大简化 WLC 计算和控制程序，有如下公式。

$$\mathrm{NPV}_j = \frac{1}{\mathrm{CSF}} \sum_{i=1}^{n} \sum_{t=1}^{T} C_{(csi)jt} (1+d)^{-t} - D(1+d_D)^{-T} \tag{3-5}$$

式中 $C_{(csi)}$——建造成本、运营和养护成本的显著性“分项”，比如建安工程费、设备工器具费、其他费、清洁费、能源费、保险费、维修费等；

T——从可行性研究开始到弃置的整个项目分析期；

d——期望年折现率；

D——弃置收益减去弃置成本的净值；

CSF——显著性因子（Cost Significant Factor）(不同项目类型为不

同常数）；

n——项目分析期成本显著“分项”的数目；

NPV_j——备选方案 j 项目分析期全生命周期造价的现值之和。

如果在同类已完工程中具有相同 CSIs 并且其显著性因子稳定，那么拟建工程可通过以下方式进行投资估算和优化：

① 通过均值理论，从同类已完工程工程量清单项目挑选出 CSIs，计算同类工程的显著性因子；

② 由此估算拟建项目 CSIs 的造价和显著性因子；

③ 拟建工程造价等于 CSIs 造价/显著性因子的均值；

④ CSIs 即为设计和投资优化控制的重点。

CSIs 模型是建筑业中造价估算的有效方法，它将工程投资估算花费时间和成本都降低了 80%，并改进投资估算的精确度。模型显著性因子的“一致性”影响造价模型的准确度。一般来说，CSIs 数量越多，显著性因子越稳定，模型越复杂，精确度越高。所以，建立显著性成本（CS）模型需要在 CSIs 的数量和模型精确度之间寻找平衡。在国外建筑业中，已有多个 CSIs 模型用于项目造价估算，取得了较好的效果。表 3-2 是一些 CSIs 模型及其精确度的列表，表 3-2 表明误差率小于 10%。

表 3-2　已有 CSIs 模型及其精确度

模型	项目类型	CSIs 数目/个	误差率/%
Al-Hajj(1991 年)	建筑业	11	7.5
Al-Hubail(2000 年)	海岸石油和天然气业	12	6.61
Asif(1988 年)	大桥	10	<8.92(平均误差率)
	大桥		<3.58
	公路		<5.34
	公路		<5.11
Bouadaz and Horner(1990 年)	桥梁维修	18	8.6
	Bridge Box Structure		4
Horner(1990 年)	大桥	15	10
McGowan(1994 年)	土木工程	26	4
Rahman(1991 年)	加强混凝土大桥	27	5
Saket(1986 年)	公共建筑	16	±4.5(平均误差率)
Zakieh(1991 年)	超市	12	±4

3.2.4 CSIs 方法在全生命周期各个阶段的应用

在可行性研究阶段，CS 模型可以简化备选方案投资估算和优化程序；在初步设计和技术设计阶段，CSIs 成本采用初步和技术设计图纸提供的工程量和编制年资源价格及消耗量进行计算或采用类似工程的 CSIs，显著性因子采用类似工程显著性因子的均值。详细设计阶段在准确设计工程量的基础上，本书建议仍采用工程量清单法，以准确确定投资项目造价作为投资检算。在施工和运营维护阶段，CS 模型可以简化 WLC 成本控制和数据收集程序。

3.3 基于 CS 理论和 BP 神经网络理论的工程造价估算

在可行性研究阶段，投资估算是工程项目前期的重要工作环节，其准确与否对政府项目的投资控制有直接影响。投资估算的主要特点是影响工程造价的因素众多，工程造价与这些不确定因素之间表现出一种高度非线性映射关系。传统的投资估算方法要么定额指标具有确定性和计划性，要么对造价与影响因素之间按线性关系处理。本书在拥有大量已完工程工程量清单历史造价信息的基础上，利用神经网络发现和获取影响工程造价的不确定因素和工程造价之间的有机内在关联，分析和预测新建项目 CSIs 及显著性因子(CSF)，从而对投资项目的工程估价做出准确估算。在初步设计和技术设计阶段，运用神经网络预测 CSIs 和 CSF，进行设计概算和技术修正概算的编制。

3.3.1 神经网络的基本理论

生命科学与工程科学相互交叉、相互渗透、相互促进，是现代科学发展的重点之一，神经网络就是这样一门交叉科学。神经网络是信息处理的一种崭新的方法，在过去 50 多年的发展过程中，经过众多科学家的不断研究，神经网络已经在信号处理、模式识别、目标跟踪、机器人控制、专家系统、组合优化、网络管理等众多领域的应用中获得了引人注目的成果。特别是在解决非线性系统的问题方面，具有独特的优点，人们对其研究更加深入，其应用领域愈加广泛。

关于人工神经网络，美国学者 Hecht-Nielden 有这样的观点：人工神经网络是模拟由处理单元的单向信号通道互连而形成的具有并行性和分布性的信号处理结构。这些处理单元具有局域记忆功能，并能完成局域信息处理操作。每一个处理单元都有一个输出连接，该连接可派生出数目任意多的子连接，每个子连接均传送相同的信号。每一个处理单元进行的各种处理都必须是局域的，即这些处理依赖于通过连接而到达的输入信号的当前值以及该处理单元的局域记忆。

3.3.1.1　人工神经元

人工神经元（简称神经元）是人工神经网络的基本单元，如生物神经元一样，人工神经元也应该有许多输入信号，它们同时输入神经元 j，每一个神经元均有一个加权系数 w_{ij}，称为权重值。作为人工神经网络的基本处理单位，必须对全部信号进行整合，以确定各类输入的作用总效果。神经元激活与否取决于某一个阈值，只有当其总输入超出阈值时，神经元才可能产生信号。人工神经元的输出也同生物神经元一样仅有一个，如用 O_j 表示神经元的输出，则输出与输入之间可用某种函数表示，这种函数称为转移函数，一般都是非线性的。人工神经元模型如图 3-5 所示，它有三个基本要素。

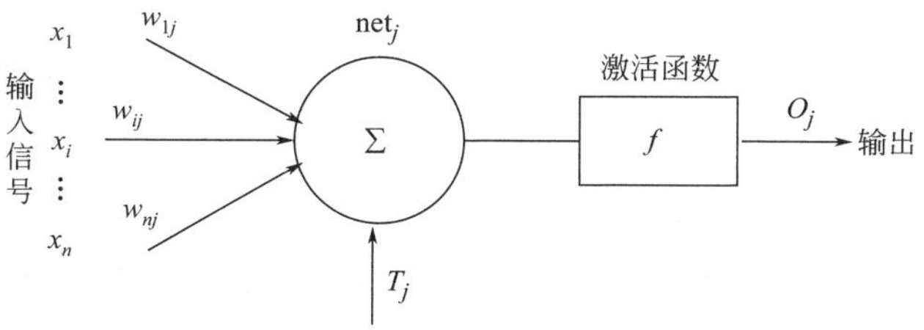

图 3-5　人工神经元模型

① 一组连接，连接的强度由各连接上的权值表示，权值为正是表示激活，权值为负表示抑制。

② 一个求和单元，用于求取各输入信号的加权值（线性组合）。

③ 一个非线性激活函数，起非线性映射作用并将神经元输出幅度限制在一定范围内。

此外还有一个阈值，人工神经元的数学式表达如下。

输入总和常称为神经元的总输入，用下面函数表示。

$$\text{net}'_j = \sum_{i=1}^{n} w_{ij} x_i \tag{3-6}$$

为了方便起见，式（3-6）还可以用权重向量 W_j 和输入向量 X 的点积来表示，即

$$\text{net}'_j = W_j^{\mathrm{T}} X \tag{3-7}$$

其中 W_j 和 X 均为列向量，定义如下。

$$W_j = (w_1, w_2, \cdots, w_n)^{\mathrm{T}} \tag{3-8}$$

$$X_j = (x_1, x_2, \cdots, x_n)^{\mathrm{T}} \tag{3-9}$$

神经元可表示为

$$O_j = f\left(\sum_{i=1}^{n} w_{ij} x_i - T_j\right) \tag{3-10}$$

如果令 $x_0 = -1$，$w_0 = T_j$，则有 $-T_j = x_0 w_0$，因此净输入与阈值之差可表达为

$$\text{net}'_j - T_j = \text{net}_j = \sum_{i=0}^{n} w_{ij} x_i = W_j^{\mathrm{T}} X \tag{3-11}$$

在 $\text{net}'_j = W_j^{\mathrm{T}} X$ 中，W_j 和 X 的第一个分量的小标均从 1 开始，而 $\text{net}'_j - T_j = \text{net}_j = \sum_{i=0}^{n} w_{ij} x_i = W_j^{\mathrm{T}} X$ 中则从 0 开始，采用 $\text{net}'_j - T_j = \text{net}_j = \sum_{i=0}^{n} w_{ij} x_i = W_j^{\mathrm{T}} X$ 的约定后，净输入改写为 net_j，与原来的区别是包含阈值，综合以上各式，神经元模型可简化为

$$O_j = f(\text{net}_j) = f(W_j^{\mathrm{T}} X) \tag{3-12}$$

神经元的各种不同数学模型的主要区别在于采用了不同的转移函数，从而使神经元具有不同的信息处理特性。神经元的转移函数反映了神经元输出与其激活状态之间的关系，最常用的转移函数有以下 3 种形式。

（1）阈值转移函数

$$f(x) = \begin{cases} 1, x \geqslant 0 \\ 0, x < 0 \end{cases} \tag{3-13}$$

具有这一作用方式的神经元称为阈值型神经元，这是神经元模型中最简单的一种，经典的 M-P 模型就属于这一类。

（2）非线性转移函数

非线性转移函数为实数域 R 到 $[0,1]$ 闭集的非减连续函数，代表了状态连续型神经元模型。最常用的非线性转移函数是单极性 Sigmoid 型函数

$$f(x)=\frac{1}{1+e^{-x}} \tag{3-14}$$

（3）分段线性函数

该函数特点是神经元的输入与输出在一定区间满足线性关系，表达式如下。

$$f(x)=\begin{cases}0, x\leqslant 0\\ cx, 0<x<x_c\\ 1, x_c\leqslant x\end{cases} \tag{3-15}$$

3.3.1.2 神经网络的特征

神经网络与一般的建模和计算相比有以下几个突出特点。

（1）并行处理（Massively Parallel Processing）

神经网络的并行处理指的是不同节点的同时操作。节点本身依照一定的规则——通常是简单的规则做出调整。节点间的运算则是非逻辑的竞争与协作的自然写照。通常的结果只在宏观整体层次上有意义，而每个节点的操作对整体并没有清晰的贡献。

（2）分布式存储（Distributed Memory）

神经网络的每一个神经元，都只是整体概念的一部分。每一个单元都包含着对整体的贡献，而每一个单元都无法决定整体的状态。即决定整体状态的是这些单元的相互联系，而非它们本身。也就是说存储整体内容与存储的基本单元完全不在同一个层次上，整体的内容分布于各单元的相互关系及状态上，这只是发布的一个方面。更重要的一方面是网络的一个权值不仅包含一个整体内容的信息，它还包含对整个样本集全部样本的贡献，即以一个值对应全部的组合，这样的分布存储与其他存储方式有着根本的不同。

（3）鲁棒性（Robust）

神经网络的鲁棒性是与它的并行处理方式、分布式存储结构分不开的。在神经网络结构中，一个节点的输入由多个节点的输出组成。每一个输入在竞争时并不具有优先权。因而一个或几个节点的误差不会累加到其他节点的

运算上。一个节点的误差也很难改变众多节点的竞争协调结果。另外，由于所要表达的信息与存储信息的单元不在同一层次上，又由于它们分布性，低层次上的局部变化，不会使信息完全丧失。

（4）学习与适应（Learning Ability）

神经网络的另一个重要特点是具有很强的学习能力。它可以通过对数据的有导师学习或无导师学习，实现任意复杂的函数关系或映射，进而适应环境的不断变化。神经网络学习的一个突出特点，是在网络整体结构不变的情况下，只调整权值即可完成任意关系的学习。

3.3.1.3 BP神经网络

神经网络作为一门年轻的学科，发展至今已经日趋成熟，各种网络模型相继出现，神经网络的使用范围也越来越广泛。在系统建模方面，已经有很多模型在实际建模中得到应用，但每种网络都具有各自的特点，因而建模的效果也不完全相同，表现在建模精度、训练时间、适应范围等诸多方面，有着各自的优缺点。典型的有多层前向网络、反馈网络、子组织网络等，一些主流模型已为大多数的学者所熟悉，如BP模型、Hopfield模型、AR模型、联想记忆模型、PDP模型、联想记忆模型、BAM模型、Kohonan自组织特征映射模型、RBF网络、子波网络。其中最具代表意义和广泛用途的是BP神经网络模型。BP神经网络模型是由输入层、输出层和若干隐含层组成的前向连接模型，同层各种神经元互不连接，相邻层的神经元通过权重连接。最基本的BP神经网络是三层前馈网络。

BP神经网络的基本思路是，学习信号由信号正向传播和误差的反向传播两个过程组成。在正向传播中，输入信息从输入层传入，经隐层逐层处理，并传向输出层，每一神经元的状态只影响下一层神经元的状态。如果在输出层的实际输出与期望输出（教师信号）不符，则转入误差的反向传播阶段，误差反传将输出误差以某种形式通过隐层向输入层逐层反传，通过修改各层的权值（权重），反复训练直到权值达到稳定，使得误差信号最小。

（1）基于BP算法的前馈网络模型

BP（反向传播）网络具有简单而易于实现的特点，只要有足够的训练数据，便可以用统一的算法去实现，其算法不因具体问题的不同而改变等优点，成为神经网络中发展最快、应用范围最广的一种网络。在多层前馈网的应用中，图 3-6 所示的单隐层网络应用最为普遍。一般习惯将单隐层前馈网络称为三层前馈网络，下面就三层前馈网络对 BP 网络进行简单介绍。

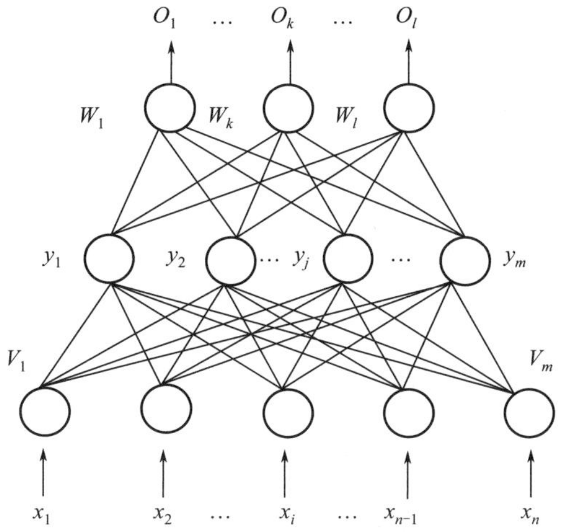

图 3-6　三层 BP 神经网络

三层前馈网络中，输入向量 $X=(x_1,x_2,\cdots,x_i,\cdots,x_n)^T$，如加入 $x_0=-1$，可为隐层神经元引入阈值；隐层输出向量为 $Y=(y_1,y_2,\cdots,y_j,\cdots,y_m)^T$，如加入 $y_0=-1$，可为输出层神经元引入阈值；输出层输出向量为$O=(o_1,o_2,\cdots,o_k,\cdots,o_l)^T$；期望输出向量为 $D=(d_1,d_2,\cdots,d_k,\cdots,d_l)^T$。输入层到隐层之间的权值矩阵用 V 表示，$V=(V_1,V_2,\cdots,V_j,\cdots,V_m)$，其中列向量 V_j 为隐层第 j 个神经元对应的权向量；隐层到输出层之间的权值矩阵用 W 表示，$W=(W_1,W_2,\cdots,W_k,\cdots,W_l)$，其中列向量 W_k 为输出层第 k 个神经元对应的权向量。下面分析各层信号之间的关系。

对于输出层，有

$$o_k=f(\text{net}_k) \qquad k=1,2,\cdots,l \tag{3-16}$$

$$\text{net}_k=\sum_{j=0}^{m} w_{ij} y_j \qquad k=1,2,\cdots,l \tag{3-17}$$

对于隐层，有

$$y_j=f(\text{net}_j) \qquad j=1,2,\cdots,m \tag{3-18}$$

$$\text{net}_j=\sum_{i=0}^{n} w_{ij} x_i \qquad j=1,2,\cdots,m \tag{3-19}$$

转移函数为单极性的 Sigmoid 函数。

$$f(x)=\frac{1}{1+e^{-x}} \tag{3-20}$$

以上公式共同构成三层前馈网络的数学模型。

(2) BP 学习算法

当网络输出与期望输出不等时，存在输出误差，定义如下。

$$E=\frac{1}{2}(D-O)^2=\frac{1}{2}\sum_{k=1}^{l}(d_k-o_k)^2 \tag{3-21}$$

将以上误差定义式展开至隐层，有

$$E=\frac{1}{2}\sum_{k=1}^{l}[d_k-f(\text{net}_k)]^2=\frac{1}{2}\sum_{k=1}^{l}\left[d_k-f\left(\sum_{j=0}^{m}w_{jk}y_j\right)\right]^2 \tag{3-22}$$

进一步展开至输入层，有

$$E=\frac{1}{2}\sum_{k=1}^{l}\left\{d_k-f\left[\sum_{j=0}^{m}w_{jk}f\left(\sum_{i=0}^{n}v_{ij}x_i\right)\right]\right\}^2 \tag{3-23}$$

由式（3-23）看出，网络输入误差是各层权值 w_{jk} 和 v_{ij} 的函数，因此调整权值可改变误差 E。显然，调整权值的原则是使误差不断减小，因此权值的调整量与误差的负梯度成正比，即

$$\Delta w_{jk}=-\eta\frac{\partial E}{\partial w_{jk}} \qquad j=0,1,2,\cdots,m \qquad k=1,2,\cdots,l \tag{3-24}$$

$$\Delta v_{ij}=-\eta\frac{\partial E}{\partial v_{ij}} \qquad i=0,1,2,\cdots,n \qquad j=1,2,\cdots,m \tag{3-25}$$

式中，负号表示梯度下降，常用 $\eta\in(0,1)$ 表示比例系数，在训练中反映学习速率。

当 f 为 Sigmoid 函数时，有三层 BP 网络权值调整公式为

$$\Delta w_{jk}=\eta(d_k-o_k)o_k(1-o_k)y_j \tag{3-26}$$

$$\Delta v_j=\eta\left(\sum_{k=1}^{l}\delta_k^o w_{jk}\right)y_j(1-y_j)x_i \tag{3-27}$$

三层前馈网络的 BP 学习算法也可以写成向量形式。对于输出层和隐层，分别设

$$Y=(y_0,y_1,y_2,\cdots,y_j,\cdots,y_m)^T,\delta^o=(\delta_1^o,\delta_2^o,\delta_3^o,\cdots,\delta_k^o,\cdots,\delta_l^o)^T \tag{3-28a}$$

$$X=(x_0,x_1,x_2,\cdots,x_i,\cdots,x_n)^T,\delta^y=(\delta_1^y,\delta_2^y,\delta_3^y,\cdots,\delta_j^y,\cdots,\delta_m^y)^T \tag{3-28b}$$

则：$\Delta W=\eta(\delta^o Y^T)^T$，$\Delta V=\eta(\delta^y X^T)^T$。

(3) BP 神经网络的学习过程

① 选定训练组。

② 初始化权值和神经元阈值,即将各权重以及阈值置成小的随机值。

③ 从训练组中取一个模型 $x_1,x_2,\cdots,x_n$ 加到网络,并给出期望输出矢量 $d_1,d_2,\cdots,d_n$。

④ 依此计算出中间层输出矢量和计算出网络的实际输出矢 o_1^h,$o_2^h,\cdots,o_n^h$。

⑤ 将输出矢量中的元素 o_k 与目标矢量中的元素 d_k 进行比较,计算出各层的误差信号 δ。

⑥ 依此计算出各权重的调整值,并调整权重 Δw_{ij}。

⑦ 返回步骤③,继续迭代,直到权重达到稳定。

这里权重稳定的含义是指在训练组中所有模式作用下,权重调整量接近于 0。实际训练时,常通过查看输出矢量与目标矢量间的接近程度来确定训练过程是否结束,只有训练组中所有模式加到网络上后,输出矢量都和对应的目标输出矢量接近,才认为训练已完成。在 BP 算法中,误差函数的求取是一个开始于输出层的反向传播的递归过程,通过多个样本的反复训练并朝减少偏差的方向修改权值,最后达到满意效果,故称为反向传播学习算法。

3.3.2 BP 神经网络在 CSIs 估算中的应用

将过去积累的大量典型工程项目的概预算(或工程量清单)成本资料,运用均值理论整理分析出每一个工程项目 CSIs 分项目、总项目造价和显著性因子数值,根据工程分析资料和工程特性按一定的格式分析整理,作为训练样本,并以此输入神经网络中进行训练,从而完成从输入层(工程特征)到输出层(CSIs 数据)的映射。这个映射是高度非线性的神经网络模型自动提取这些知识,并以网络权值储存在神经网络内部。这样,工程造价人员可以根据拟建工程的特征,将相关信息输入神经网络,即可得到新建项目的 CSIs 和 ESF 数据。

(1) 建立 BP 神经网络投资估算模型

神经网络的投资估算模型由输入预处理模块、神经网络模块和输出处理模块三部分组成。输入预处理模块主要是对输入数据进行预处理,将定性的东西转化为定量的数据，便于神经网络运算。输出处理模块将神经网络的输出变为所需要的投资估算数据，其核心是神经网络模块，如图 3-7 所示。

图 3-7　基于神经网络的投资估算模型

BP 网络结构是一种多层网络结构，由输入层、一层或多层隐层和输出层组成，各层之间采用全互连接，但同一层单元间不相互连接。网络的性能和训练用的样本密切相关，设计一个好的训练样本集既要注意样本规模，又要注意样本质量。

① 训练样本数的确定。网络训练所需要的样本数取决于输入-输出非线性映射的复杂程度，映射关系越复杂，为保证一定映射精度所需要的样本数就越多。此外，当样本数多到一定程度时，网络的精度就很难提高。

② 样本的选择与组织。网络训练中提取的规律蕴涵在样本中，因此样本一定要典型。网络训练样本的选取一定要注意样本类别的均衡，尽量使每个类别的样本数量大致相等。样本的组织要注意将不同类别的样本交叉起来，因为同类样本太集中会使网络训练时倾向于只建立与集中的样本类别相匹配的映射关系。

（2）模型参数选取

① 选择网络隐含层。对于网络隐含层的确定，一方面根据 BP 定理所述，任一个连续函数都可由 3 层前向网络来实现，3 层网络已经满足任何要求；另一方面隐含层越多，网络的结构也就越庞大，学习和训练执行时间就越长。因此，本书中采用三层 BP 网络模型建模，即选取一层作为隐层。

② BP 网络模型结构参数的确定。网络结构参数的选取十分重要，直接影响网络的表达能力和收敛速度，模型中输入层和输出层的神经元个数按实际需要确定，隐含层个数按柯尔莫哥洛夫定理取值为 $2m+1$（m 为输入数据个数）。

③ 初始权值确定。连接权系数和神经元阈值的初始值选取与网络模型是否达到最小，是否能够收敛，以及训练时间长短关系很大，通常情况下，初始值在随机函数（-1，1）之间随机选取。

④ 节点函数选取。BP 算法是将误差修正反向传至隐层节点。选 Sigmoid 函数 $f(x)=1/(1+e^{-x})$ 为节点输出函数，其导数 $f'(x)=f(x)[1-f(x)]$，其优点是对任何数据的输入都可以转化成为（0，1）之间的数。

3.3.3　案例

本书以高速公路的投资估算为例子，通过对竣工的公路建设项目材料费、人工费、征地费和工程建设其他费用等数据进行收集、整理，分析出不同工程特征的 CSIs 和 CSF 数据。工程特征应参照历史资料的统计分析和专家的经验进行确定。通过对典型高速公路的造价组成及建筑结构参数变化对投资估算的影响进行分析，我们确定地形、横断面类型（分路堑，路堤，半挖半填）、横断面高度、横断面宽度、地基处理类型、路面结构材料、路面厚度、防护工程类型 8 种主要因素作为工程特征，列举工程特征的不同类目，依据定额水平及工程特征对造价影响的相关性导致每千米公路工程造价的改变，按从小到大排序，并主观给定对应的量化数据，结果见表 3-3。为说明问题，简化计算，从中选取 16 个典型工程 CSIs 汇总额（其中第 15 和第 16 个工程作为检验样本），第 1～14 个工程数据作为学习样本，建立一个 BP 神经网络的投资估算模型。

表 3-3　成果公路工程特征类目定量化表

	特征类目定量化值					
	1	2	3	4	5	6
地形	山区	丘陵	平原			
路基横断面类型	路堑	路堤	半挖半填	路堑、路堤	路堑、半挖半填	路堤、半挖半填
路基横断面高度/m	0～0.5	0.5～1	1～1.5	1.5～2	2～2.5	2.5 以上
路基横断面宽度/m	0～20	20～30	30～40	40～50	50～60	60 以上
地基处理类型	普通换填	塑料板排水固结	土工格栅	砂桩排水固结	强夯搅拌桩	土工布
路面结构材料	沥青混凝土	水泥混凝土				
防护工程	普通防护	锚定板护坡	重力挡土墙	喷网支护	板梁支护	草坡防护
路面结构厚度/m	0～0.2	0.2～0.3	0.3～0.4	0.4～0.5	0.5～0.6	0.6 以上

依据表 3-3，可以给任意一个公路工程模式进行定量化描述。以 $T_i=(t_{i1},t_{i2},\cdots,t_{i8})$ 表示，其中，T_i 表示第 $i(i=1,2,\cdots)$ 个工程的序列号；$t_{ij}(j=1,2,\cdots,8)$ 表示第 i 个工程的第 j 个特征的定量化数值，如某公路工程（序列号设为 i）地处平原，横断面类型为路堤、路基横断面高度 1.8m、宽度 35m、土工格栅、沥青混凝土、普通防护、路面结构厚度 0.45m，则其定量化描述为 $T_i=(3,2,4,6,3,1,1,4)$，如果某特征由几种类目混合构成，可按比例计算其加权平均值作为该特征的量化结果。

本模型采用三层 BP 网络模型，选择 Sigmoid 函数 $f(x)=1/(1+e^{-x})$ 为节点输出函数，模型的输入层单元为 8 个，代表工程的特征向量，分别为地形、横断面类型、横断面高度、横断面宽度、地基处理类型、路面结构材料、防护工程、路面结构厚度，用 $I_1\sim I_8$ 表示；输出单元为 2 个，1km CSIs 万元造价和 CSF，分别用 O_1、O_2 表示。

隐层单元按照柯尔莫哥洛夫定理取值为 $2\times8+1=17$ 个，一般选择初始权值在（−1，1）之间的随机数。根据输入/输出映射的复杂程度，共收集了训练样本 14 个，测试样本 2 个。表 3-4 列出了 16 个典型样本的特征类目定量化数据及预算资料。

表 3-4　16 个典型样本的特征类目定量化数据及预算资料

序号	输入项								输出项	
	I_1	I_2	I_3	I_4	I_5	I_6	I_7	I_8	O_1	O_2
1	3	2	1	2	1	1	2	6	1608	0.782
2	2	1	1	2	3	2	1	4	1823	0.807
3	1	4	2	2	2	1	5	3	2400	0.811
4	2	4	2	3	6	2	3	3	2528	0.794
5	3	1	1	3	1	1	1	4	1723	0.778
6	3	6	4	5	6	1	6	4	2346	0.824
7	1	1	1	5	1	2	5	3	3113	0.813
8	1	4	3	3	3	4	5	2	2361	0.806
9	3	2	5	3	6	1	1	3	1742	0.814
10	2	1	1	4	4	1	4	4	2240	0.794
11	2	2	6	5	6	2	6	5	2468	0.782

续表

序号	输入项								输出项	
	I_1	I_2	I_3	I_4	I_5	I_6	I_7	I_8	O_1	O_2
12	3	2	6	6	2	1	4	5	2521	0.815
13	1	4	5	4	4	1	3	5	2904	0.808
14	3	2	6	6	3	1	1	5	2232	0.825
15	1	3	4	3	1	1	6	4	2389	0.806
16	3	2	2	3	1	1	1	6	1826	0.812

用收敛后的网络对第15组和第16组的数据进行多次检测，取其平均值作为O_1、O_2的预测值，得到第15组和第16组训练样本O_1、O_2结果分别为2490、0.804和1855、0.807，O_1/O_2即为预测样本每千米工程投资估算总额，再乘以相应的长度即为相应工程特征的投资估算。从估算效果看，实际值与预测值的相对误差均小于5%，总体误差比率较小，已经基本能满足工程可行性研究的投资估算需要，这说明模型的泛化能力较好，估价模型较为成功。

3.4 基于混沌理论和CS理论的工程造价估算研究

3.4.1 混沌理论简介

目前国内外并没有形成关于混沌概念的统一定义。一般来说，混沌是指在具有确定性特征的非线性系统中呈现出的一种类似随机游走、貌似无规则的现象。对于其中出现的具有内在随机性的解，将其称为混沌解。混沌解具有短期可以预测、长期不可预测的特点，同时与传统的确定解和随机解也各不相同，它并不表现为完全简单的无序，也不存在确定性的周期和对称情况，但从其内部层次上说，又是一个有序结构。从这个角度来说，混沌是完全非线性系统中呈现出的一种新形式。

查阅国内外文献资料可以发现，混沌通常有如下两种定义。

定义1：定义闭区间上的连续函数$f(x)$，若满足如下条件，则称其为具有混沌现象。

设f：$X \rightarrow X$是连续映射，X是紧的度量空间，且f的周期集$P(f)=$

N，又存在 $S_0 \subset X - Per(f)$，满足

$$\limsup_{n\to\infty} d[f^n(x), f^n(y)] > 0, \forall x, y \in S_0, x \neq y$$

$$\liminf_{n\to\infty} d[f^n(x), f^n(y)] = 0, \forall x, y \in S_0$$

$$\limsup_{n\to\infty} d[f^n(x), f^n(y)] > 0, \forall x \in S_0, \forall p \in Per(f)$$

那么称 S_0 为混沌集合，将 f 称为 X 上 Li-Yorke 意义下的混沌。式中，$d(\cdot,\cdot)$ 是 X 上定义的距离，$Per(f)$ 是 f 的周期点的集合。在著名的论文《周期 3 蕴涵着混沌》中，第一次从理论上引入“混沌”的概念。论文表明，在 $f(x)$ 有周期 3 的条件下，定义 1 就可以得到满足，因此表明周期 3 蕴涵着混沌。

定义 2：设 V 为紧度量空间，若在此空间内连续映射 f：$V \to V$ 满足以下三个条件，则称 V 为在 Devaney 意义下 V 上的混沌映射。

① 对初始值的敏感依赖性：若存在 $\delta > 0$，那么对于任意的 $\varepsilon > 0$ 和任意 $x \in V$，在 x 的 ε 邻域内存在 y 和自然数 n，使得 $d[f^n(x), f^n(y)] > \delta$。

② 拓扑传递性：对于 V 上的任意一对开集 X、Y，存在 $k > 0$，使 $f^k(X) \cap Y \neq \Phi$。

③ f 的周期点集在 V 中稠密。

从上述两个定义可以推论出，混沌系统一般具有下列三个方面的特点。

① 初始值敏感依赖性。初始值敏感依赖性是指无论变量 x、y 的初始距离有多接近，在 f 的作用下最终会呈现出相当大的差距。若用计算机来表达 f 的轨道，那么任意微小的初始误差，在经过一系列迭代后都会导致计算结果的失效。

② 拓扑传递性。f 是一个整体性系统，任何一点的领域在 f 的作用下都将会遍布整个度量空间 V，f 不存在可以分解成为几个相互影响或相互独立的子系统。

③ 周期点的稠密性。该性质表明系统不是完全混乱的，其实质为在形似紊乱中带有很强的规律性和确定性，内部存在为有序的。

3.4.2 构建混沌时间序列预测模型

通过前面对混沌理论的若干概念的介绍，本书在全生命周期显著性成本理论的基础上，引入混沌时间序列对政府投资建设项目全生命周期成本时间

序列进行分析和研究。

混沌时间序列以混沌理论为基础，该时间序列较为复杂，从理论上符合混沌特征，如对初始条件非常敏感，但系统初始条件却往往难以进行精确描述或进行准确测量，在某些情况下甚至无法准确得知系统的初始条件包含内容，因此混沌时间序列具有短期预测较精准、长期预测不可行的特性。混沌时间序列预测强调依照时间序列自身的客观规律预测，从而可以在最大范围内避免人为主观性，总体提高预测的精准度和可信性。总体来说，混沌时间序列预测适合于总体具有确定性，而在系统结构内部又有某种程度上的随机性的复杂非线性系统的预测。

3.4.2.1 混沌判别

能否用混沌方法对时间序列进行研究需要判断该时间序列是否具有混沌性质。混沌时间序列在实际的计算和测量过程中，不可避免会产生噪声，这些出现的噪声会给混沌时间序列分析带来很大的困难，甚至会由此产生错误的结论。混沌特性判别主要包括定性分析和定量分析两种途径。定性分析主要包括相图法和功率谱法等。相图法可以描述在全部时间内系统状态的变化，反映系统空间结构；功率谱法可以表征时间序列的规则性和不规则性，即可以表现出时间序列的周期性、混沌性和噪声。但在实际工作中，对于周期很长但数据有限的时间序列，很难从功率谱特征上区分是否具有混沌特性。定量分析法主要包括最大 Lyapunov 指数、Kolmogorov 熵和关联维数等方法。

Lyapunov 指数是对时间序列进行混沌性检验的一种非常重要的方法，基于正的 Lyapunov 指数就意味着混沌特性，因此求解 Lyapunov 指数在进行混沌判别时非常有效。Lyapunov 指数是表征混沌系统相邻点扩散的平均速度，可以量化系统初始闭轨道的发散和收敛量，Lyapunov 指数大于零用来衡量相邻轨道的平均指数相分离程度，Lyapunov 指数小于零则用来衡量相邻轨道的平均指数相靠拢程度，可以从整体上表明时间序列的混沌特性。可以说，正的 Lyapunov 指数是衡量一个系统混沌性的度量指标。

事实上，在实际时间序列判定时没有必要计算全部的 Lyapunov 指数，只需要判断最大 Lyapunov 指数大于零，就可以表明其存在混沌学特性。本书采用最大 Lyapunov 指数法对时间序列进行混沌学特征判别。基于研究现状，最大 Lyapunov 指数法的确定方法众多，如 Wolf 法、P-范数法和小数据量法等算法。Wolf 法对于没有噪声的时间序列较为适用；P-范数法存在选取和计算都较为复杂的特点，因此实际操作起来比较困难。鉴于小数据量法具备的对小数据判定较为可靠、计算工作量小、操作简单易行等优点，本书采用小数据量法进行时间序列最大 Lyapunov 指数的计算。

3.4.2.2 重构相空间

采用位置和速度来描述动力学系统的所有状态，因此将系统的相空间定义成以状态变量为坐标轴的空间。应注意到相空间中的任一点对应一种状态，因此可以表达系统所有可能的状态。整个混沌系统都是在相空间中进行参数计算、特性判断和预测模型建立的，重构相空间理论是进行混沌时间序列分析的基础。混沌系统在经过一定时期的运动变化后，会产生相应的轨迹，并最终会形成有规则的运动轨迹，该轨迹规律、有形，称为混沌吸引子。但混沌系统的运动轨迹在转换成与时间相对应的序列时，因为经过与折叠和拉伸相类似的过程，会呈现出一种混乱和非线性的复杂特征。因此，重构相空间的目的就在于从高维度的相空间中把混沌吸引子恢复出来，最终显示出混沌系统的规律性。

根据 Packard、Takens 等学者的建议，确定某变量的延迟坐标和合适的嵌入维数来重构相空间，即若存在延迟坐标的嵌入维数 $m \geqslant 2d+1$，d 为原动力系统维数，那么在这个空间内就可以对混沌吸引子进行恢复，即可以重构相空间。

设有时间序列 $\{x(i),\ i=1,2,\cdots,N\}$，$N$ 为序列总长度。用延迟时间 τ 和嵌入维数 m 进行相空间重构，可得

$$\begin{bmatrix} x(1) & x(2) & x(M) \\ x(1+\tau) & x(2+\tau) & x(M+\tau) \\ x[1+(m-1)\tau] & x[2+(m-1)\tau] & x[M+(m-1)\tau] \end{bmatrix} \tag{3-29}$$

因此，相空间中的相邻点可以表示为

$$X(i)=\{x(i),x(i+\tau),x(i+2\tau),\cdots,x[i+(m-1)\tau]\},i=1,2,\cdots,M \tag{3-30}$$

$$M=N-(m-1)\tau \tag{3-31}$$

(1) 确定延迟时间 τ

延迟时间的选取是为了通过各种方法降低噪声，使时间序列可以最大限度体现原动力系统的特征。通常所采用的确定方法主要有自相关法、复

自相关法、互信息量法和C-C方法等。鉴于自相关法在工程实践中经常采用，是非常成熟的求解延迟时间 τ 的方法，因此本书重点介绍自相关函数法。

自相关函数法主要依赖提取混沌时间序列所存在的线性相关性，首先需要计算其自相关函数；然后作出自相关函数关于时间 τ 的变化曲线，从图中可以直观看出变化情况；最后当自相关函数下降到初始值的 $1-1/\mathrm{e}$ 时，此时的时间就是重构相空间的时间延迟 τ。

若为连续变量 $x(t)$，则其自相关函数为

$$C(\tau)=\lim_{T\to\infty}\frac{1}{t}\int_{-\frac{T}{2}}^{\frac{T}{2}}x(t)x(t+\tau)\mathrm{d}t \tag{3-32}$$

若为离散变量，则其自相关函数为

$$R_{xx}(j\tau)=\frac{1}{N}\sum_{i=0}^{N-1}x_i x_i+j\tau \tag{3-33}$$

序列 $\{x_i\}$ 时间跨度为 $j\tau$。

（2）确定嵌入维数 m

当重构相空间具有足够大的嵌入维数时，才能精确地还原出原动力系统的混沌吸引子，从而可以揭示原动力系统相关运动规律。因此，合理选择嵌入维数 m 的大小很关键，m 过大或者过小都会对相空间重构的精确度产生影响。确定嵌入维数需要考虑能准确计算出原动力系统的多项混沌参数和减少混沌时间序列中的噪声影响。

通常所采用的确定方法主要有Cao氏算法、虚假邻近点法、G-P算法等。其中应用较为广泛的是G-P算法，因此，本书对该方法进行详细介绍。G-P算法的具体步骤如下。取邻域半径 r，将关联积分定义为如下。

$$C(m,r)=\frac{2}{M(M-1)}\sum_{1\leqslant i<j\leqslant M}\theta(r-\|X_i-X_j\|_\infty) \tag{3-34}$$

式中 r——邻域半径，$M=N-(m-1)\tau$ 为相空间中相邻点数目；

N——混沌时间序列总长度；

$\theta(\cdot)$——Heaviside单位函数，$\theta(x)=0$，如果 $x<0$；$\theta(x)=1$，如果 $x\geqslant 0$。

式（3-34）中的关联积分是累积分布函数，用来表达相空间中任意两个邻点间的距离小于其邻域半径的概率，即表征相邻点的聚集程度。

$r\to 0$ 时：若混沌吸引子为一维结构，那么 $C(m,r)$ 正比于 r；若混沌吸引子为二维结构，那么 $C(m,r)$ 正比于 r^2；以此类推，若混沌吸引子为

D 维结构，那么 $C(m,r)$ 正比于 r^D，即

$$\lim_{r\to 0} C(m,r) \propto r^D, D=\lim_{r\to 0}\frac{\ln C(m,r)}{\ln r} \tag{3-35}$$

称此 D 为混沌时间序列的关联维数。D 随 m 的增大而相应增大。最后当 D 不再继续增大而最终趋于稳定时，这时的 D 即为饱和关联维数，所对应的 m 就是混沌吸引子的最佳嵌入维数，同时结合 $m \geqslant 2d+1$ 也可以确定嵌入维数 m。

3.4.2.3 构建混沌时间序列预测模型

最大 Lyapunov 指数既可以进行混沌学特性判定，又可以依据它进行混沌时间序列预测，构建时间序列预测模型。本书基于最大 Lyapunov 指数构建混沌时间序列预测模型，在时间序列重构的相空间中进行预测，具体预测步骤如下。

步骤一：建立时间序列 $x(t_i)(i=1,2,\cdots,N)$，对其进行混沌特征判别。

步骤二：采用自相关法计算其时间延迟 τ，用 G-P 法确定嵌入维数 m。

步骤三：依据时间延迟 τ 和嵌入维数 m 重构相空间，得到

$$Y_i(i)=[x(t_i),x(t_i+\tau),x(t_i+2\tau),\cdots,x(t_i+(m-1)\tau)]\in R^m \tag{3-36}$$

式中，$i=1,2,\cdots,M, M=N-(m-1)\tau$。

步骤四：对相空间中的每个点 Y_j，寻找其最近相邻点 Y_f，限制其短暂分离，即

$$d_j(0)=\min\|Y_j-Y_{\hat{j}}\|, |j-\hat{j}|>P \tag{3-37}$$

步骤五：依据步骤四，计算出该相邻点对应的 i 个离散时间的距离 $d_j(i)$。

对每个 i，求出所有 j 的 $\ln d_j(i)$ 平均值 $y(i)$，即

$$y(i)=\frac{1}{q\Delta t}\sum_{j=1}^{q}\ln d_j(i) \tag{3-38}$$

式中　Δt——样本周期；

　　q——非零 $d_j(i)$ 的数目，采用最小二乘法作直线回归，该直线的斜率即为最大 Lyapunov 指数 λ_1。

步骤六：设相邻点 Y_M 为预测中心点，相空间中 Y_M 的最近相邻点为 Y_k，最大 Lyapunov 指数为 λ_1，即

$$d_M(0)=\min_j \|Y_M-Y_j\|=\|Y_M-Y_k\| \quad \|Y_M-Y_{M+1}\|=\|Y_k-Y_{k+1}\|e^{\lambda_1} \tag{3-39}$$

式中，点 Y_{M+1} 只有分量 $x(t_{n+1})$ 是未知的，因此 $x(t_{n+1})$ 是可以预测的。

步骤七：步骤六即为基于最大 Lyapunov 指数的时间序列预测模型。重复步骤五和步骤六可以进行多步预测。

3.4.3 实际案例

3.4.3.1 工程量清单标准化审核

针对不同类型的工程项目，国家推出了相应的工程量清单项目规范，例如针对建筑工程的《建设工程工程量清单计价规范》，针对公路工程的《公路工程工程量清单计价规范》，针对水利工程的《水利工程工程量清单计价规范》等，所以首先要做的就是将工程量清单中的项目以相应规范中的条目进行标注，力求做到标准化、统一化，从而为以后的比较研究奠定良好的基础。

本书搜集的样本为某建筑工程，经过和《建筑工程工程量清单项目及计算规则》的对比，其工程量清单完全满足标准化要求，故本书将其作为以后研究的数据样本采样基础。

3.4.3.2 寻找显著性项目 CSIs

建筑工程工程量清单样本土建部分，共 55 项分项工程，通过 CS 理论的计算，寻找到显著性项目 15 项，数量占总数量的 27.3%，造价占总造价的 72%，满足 CS 理论中显著性项目 CSIs 数目占总项目数目的 30%以内的要求，不需要再进行二次平均。

为了减少计算的难度，本书只从 15 项显著性成本项目 CSIs 中寻找一项作为以后研究的基础项目进行预测。但在对整个工程的造价进行预测时，需要对所有显著性项目都进行预测，之后通过显著性项目造价在工程总造价中所占比例，推算出工程的总造价。通过比较，最终选择了 010416002 项作为基础项目，在《建筑工程工程量清单项目及计算规则》中，其表述如表 3-5 所示。

表 3-5 项目特征表述

项目编码	项目名称	项目特征	计量单位	工程量计算规则	工程内容
010416002	预制构件钢筋	钢筋种类、规格	t	按设计图示钢筋(网)长度(面积)乘以单位理论质量计算	(1)钢筋(网、笼)制作、运输 (2)钢筋(网、笼)安装

项目造价是通过工程量和单位价格的乘积确定的，如果能够预测出项目实施过程中工程量和单位价格的变动趋势，就能够预测出项目造价的变动趋势，从而为工程施工过程中对造价的控制提供指导目标。由于搜集数据困难，本书只搜集到了选定项目的单位价格基础数据，于是只对价格因素进行了预测。

3.4.3.3 确定基础项目发生阶段并寻找单价数据

本工程实际使用的钢筋为螺纹钢Ⅲ级 $\phi 25$，使用地为河北省石家庄市，操作时间为 2007 年 3 月 6 日～8 月 22 日，共 169 天。于是本书对石家庄市 2007 年 3 月 6 日～8 月 22 日的螺纹钢Ⅲ级 $\phi 25$ 的单价数据进行了搜集。

3.4.3.4 对搜集数据进行预处理

由于搜集到的费用产生的阶段的价格数据是非连续性的，故本书对原始数据进行了线性补充处理，选取的数据间隔时间为 1 天，处理过的数据如表 3-6 所示。

为了使数据无量纲化，需要对以上数据进行归一化处理，也就是换算成－1～1 之间的数值。由于数据的趋势在逐渐上涨，故本书采用转化为增长率的方法对原始数据进行处理，经过计算发现原始数列的变动很小，为了提高预测的准确性，故将处理过的数据乘以 40 以放大效果，操作方法如下。

设数据序列为 X_i，处理后序列为 X_i'，则

$$X'_i=\left(\frac{X_{i+1}}{X_i}-1\right)\times 40$$

表 3-6　原始数据

日期	价格/元	日期	价格/元	日期	价格/元	日期	价格/元	日期	价格/元
0306	3300	0409	3330	0514	3660	0617	3514	0721	3640
0307	3300	0410	3330	0515	3720	0618	3520	0722	3640
0308	3300	0411	3330	0516	3720	0619	3520	0723	3640
0309	3300	0412	3333	0517	3720	0620	3540	0724	3640
0310	3300	0413	3336	0518	3720	0621	3540	0725	3643
0311	3300	0414	3340	0519	3720	0622	3590	0726	3646
0312	3300	0415	3343	0520	3720	0623	3590	0727	3650
0313	3300	0416	3346	0521	3720	0624	3590	0728	3660
0314	3298	0417	3350	0522	3690	0625	3590	0729	3670
0315	3296	0418	3350	0523	3620	0626	3580	0730	3680
0316	3295	0419	3360	0524	3620	0627	3580	0731	3680
0317	3294	0420	3360	0525	3620	0628	3580	0801	3680
0318	3292	0421	3360	0526	3617	0629	3580	0802	3680
0319	3291	0422	3360	0527	3614	0630	3580	0803	3690
0320	3290	0423	3360	0528	3610	0701	3580	0804	3700
0321	3285	0424	3420	0529	3610	0702	3580	0805	3710
0322	3280	0425	3430	0530	3610	0703	3580	0806	3720
0323	3280	0426	3470	0531	3610	0704	3580	0807	3720
0324	3280	0427	3490	0601	3610	0705	3580	0808	3720
0325	3280	0428	3500	0602	3610	0706	3580	0809	3720
0326	3280	0430	3510	0603	3610	0707	3580	0810	3720
0327	3280	0501	3517	0604	3610	0708	3580	0811	3735
0328	3300	0502	3525	0605	3610	0709	3580	0812	3750
0329	3300	0503	3533	0606	3580	0710	3600	0813	3765
0330	3300	0504	3540	0607	3550	0711	3600	0814	3780
0331	3307	0505	3548	0608	3545	0712	3600	0815	3780
0401	3314	0506	3555	0609	3540	0713	3600	0816	3790
0402	3320	0507	3563	0610	3535	0714	3600	0817	3800
0403	3320	0508	3570	0611	3530	0715	3600	0818	3810
0404	3330	0509	3650	0612	3500	0716	3600	0819	3820
0405	3330	0510	3650	0613	3500	0717	3600	0820	3830
0406	3330	0511	3652	0614	3500	0718	3610	0821	3850
0407	3330	0512	3655	0615	3500	0719	3620	0822	3870
0408	3330	0513	3658	0616	3507	0720	3640		

经过无量纲化后的数据如表 3-7 所示。整理后数据变化趋势如图 3-8 所示。

表 3-7　经过无量纲化后数据

日期	数据	日期	数据	日期	数据	日期	数据	日期	数据
0306	0.00000	0409	0.00000	0514	0.65574	0617	0.06830	0721	0.00000
0307	0.00000	0410	0.00000	0515	0.00000	0618	0.00000	0722	0.00000
0308	0.00000	0411	0.03604	0516	0.00000	0619	0.22727	0723	0.00000
0309	0.00000	0412	0.03600	0517	0.00000	0620	0.00000	0724	0.03297
0310	0.00000	0413	0.04796	0518	0.00000	0621	0.56497	0725	0.03294
0311	0.00000	0414	0.03593	0519	0.00000	0622	0.00000	0726	0.04388
0312	0.00000	0415	0.03590	0520	0.00000	0623	0.00000	0727	0.10959
0313	-0.02424	0416	0.04782	0521	-0.32258	0624	0.00000	0728	0.10929
0314	-0.02426	0417	0.00000	0522	-0.75881	0625	-0.11420	0729	0.10899
0315	-0.01214	0418	0.11940	0523	0.00000	0626	0.00000	0730	0.00000
0316	-0.01214	0419	0.00000	0524	0.00000	0627	0.00000	0731	0.00000
0317	-0.02429	0420	0.00000	0525	-0.03315	0628	0.00000	0801	0.00000
0318	-0.01215	0421	0.00000	0526	-0.03318	0629	0.00000	0802	0.10870
0319	-0.01215	0422	0.00000	0527	-0.04427	0630	0.00000	0803	0.10840
0320	-0.06079	0423	0.71429	0528	0.00000	0701	0.00000	0804	0.10811
0321	-0.06088	0424	0.11696	0529	0.00000	0702	0.00000	0805	0.10782
0322	0.00000	0425	0.46647	0530	0.00000	0703	0.00000	0806	0.00000
0323	0.00000	0426	0.23055	0531	0.00000	0704	0.00000	0807	0.00000
0324	0.00000	0427	0.11461	0601	0.00000	0705	0.00000	0808	0.00000
0325	0.00000	0428	0.11429	0602	0.00000	0706	0.00000	0809	0.00000
0326	0.00000	0430	0.07977	0603	0.00000	0707	0.00000	0810	0.16129
0327	0.24390	0501	0.09099	0604	0.00000	0708	0.00000	0811	0.16064
0328	0.00000	0502	0.09078	0605	-0.33241	0709	0.22346	0812	0.16000
0329	0.00000	0503	0.07925	0606	-0.33520	0710	0.00000	0813	0.15936
0330	0.08485	0504	0.09040	0607	-0.05634	0711	0.00000	0814	0.00000
0331	0.08467	0505	0.07892	0608	-0.05642	0712	0.00000	0815	0.10582
0401	0.07242	0506	0.09001	0609	-0.05650	0713	0.00000	0816	0.10554
0402	0.00000	0507	0.07859	0610	-0.05658	0714	0.00000	0817	0.10526
0403	0.12048	0508	0.89636	0611	-0.33994	0715	0.00000	0818	0.10499
0404	0.00000	0509	0.00000	0612	0.00000	0716	0.00000	0819	0.10471
0405	0.00000	0510	0.02192	0613	0.00000	0717	0.11111	0820	0.20888
0406	0.00000	0511	0.03286	0614	0.00000	0718	0.11080	0821	0.20779
0407	0.00000	0512	0.03283	0615	0.00000	0719	0.22099		
0408	0.00000	0513	0.02187	0616	0.07984	0720	0.00000		

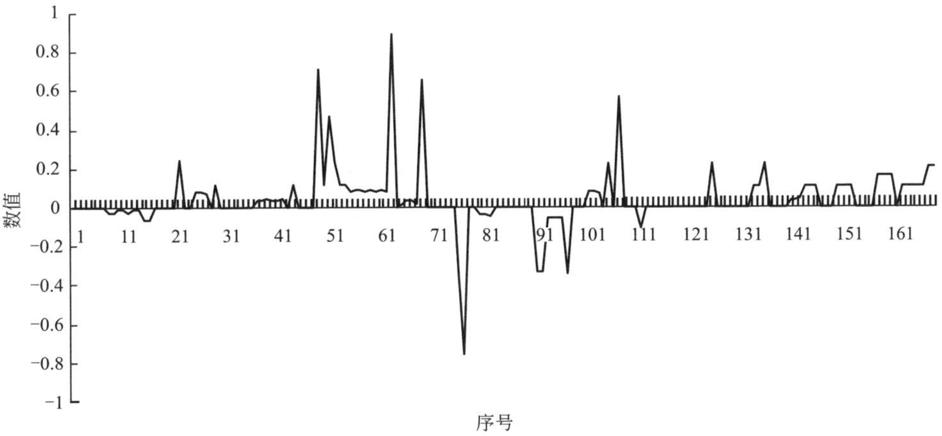

图 3-8　整理后数据变化趋势

由于预处理的计算过程，原先 169 个数据点损失一个数据，变为 168 个数据点，选取前 150 个数据点为预测的基础数据，后 18 个点为将要预测的对照点，从而测量预测的精确程度。

3.4.3.5　重构相空间

通过使用自相关法计算出时间序列的时间延迟为 1，使用 G-P 算法选取嵌入维数 m 为 3，从而重构相空间。

3.4.3.6　计算 Lyapunov 指数

通过使用小数据量方法计算出最大 Lyapunov 指数为 0.0163，计算出的数值大于 0，说明选取的时间序列具有混沌性质，可以通过混沌预测模型进行预测研究。

3.4.3.7　基于 Lyapunov 指数预测

通过使用基于 Lyapunov 指数的时间序列预测方法，得到了预测后的结果，具体数据计入表 3-8 中。

表 3-8 预测后得到的数据结果

序号	预测日期	实际值/元	改进值	改进预测值	预测值/元	差值/元	预测误差/%
1	0805	3710	0.1081081	0.0725	3706.7063	3.29375	0.0887803
2	0806	3720	0.1078167	0	3706.7063	13.29375	0.3573589
3	0807	3720	0	0.0909	3715.1297	4.87026	0.130921
4	0808	3720	0	0	3715.1297	4.87026	0.130921
5	0809	3720	0	0	3715.1297	4.87026	0.130921
6	0810	3720	0	0	3715.1297	4.87026	0.130921
7	0811	3735	0.1612903	0	3715.1297	19.87026	0.5320016
8	0812	3750	0.1606426	−0.0121	3714.0059	35.994087	0.9598423
9	0813	3765	0.16	−0.0121	3712.8824	52.117574	1.3842649
10	0814	3780	0.1593626	−0.0121	3711.7593	68.24072	1.8053101
11	0815	3780	0	−0.0243	3709.5044	70.495614	1.8649633
12	0816	3790	0.1058201	0	3709.5044	80.495614	2.1238948
13	0817	3800	0.1055409	−0.0122	3708.373	91.627013	2.4112372
14	0818	3810	0.1052632	−0.0609	3702.727	107.27301	2.8155646
15	0819	3820	0.1049869	−0.0122	3701.5977	118.40234	3.0995378
16	0820	3830	0.104712	0	3701.5977	128.40234	3.3525416
17	0821	3850	0.2088773	0	3701.5977	148.40234	3.8546063
18	0822	3870	0.2077922	0	3701.5977	168.40234	4.3514817

表 3-8 中改进预测值是通过 Lyapunov 指数的时间序列预测方法根据前 150 个改进值预测出的数值，预测值是根据起初归一化方法反算得到的实际预测数值。差值是根据实际值减去预测值得到的，预测误差为差值和实际值之比。预测范围内实际值和预测值变动趋势如图 3-9 所示。

从预测结果看，总体误差较小，在第 8 个预测点，预测误差控制在 1%以内，在第 18 个预测点，预测误差也没有超过 5%，已经基本能满足工程实施阶段预测需要，这说明模型的泛化能力较好，预测模型较为成功。后期误差增大，是由于混沌系统的固有属性决定的，其原因主要由原始数据的数量和精度，以及多次迭代预测对误差的扩大效应所导致的。但即便如此，与其他模型相比，其优越性也是明显的，随着样本的充实和数

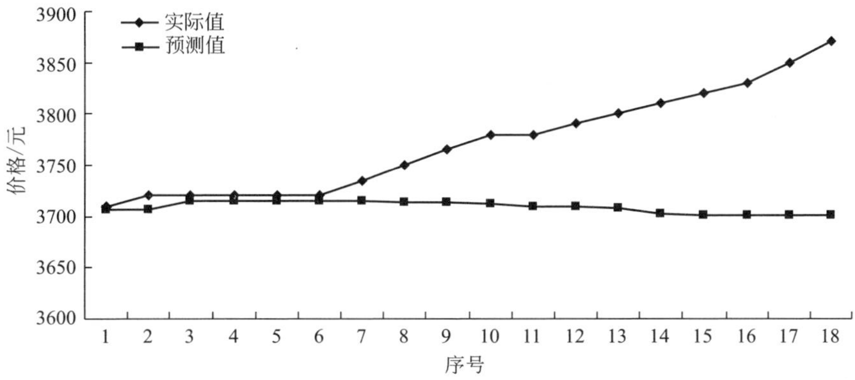

图 3-9 预测范围内实际值和预测值变动趋势

据的积累，再加上及时的重复预测，误差将不断缩小，也必将取得非常理想的结果。

3.5 模糊聚类（FC）法预测拟建项目投资

3.5.1 模糊聚类（FC）法进行类似性判别的方法和步骤

神经网络对类似工程和类似 CSIs 的“类似性”判别是“黑箱”训练，而且其对预测值泛化能力差，如果没有大量样本训练，难以保证对“类似性”判别的准确性，由此导致估算的准确性难以保证，为解决这一问题，在样本数量不够大的情况下，运用模糊聚类方法进行“类似性”判别和投资估算效果较好。

模糊聚类（Fuzzy Clustering，FC）模型是在已完工程资料基础上，先用模糊聚类将已完工程划分成若干类似工程和类似 CSIs，而后根据新建项目整个工程和 CSIs 特征及隶属度与已完工程的隶属度进行聚类，首先判断新建项目所属类别。为了预测新项目的造价，如整个项目有类似工程，则根据类似工程 CSIs 和 CSF 推测出新建项目的 CSIs 和 CSF，建立工程项目估价数学模型，并结合当前建筑材料价格及其质量、市场等做以适当的调整。具体分为四个步骤：已完工程项目聚类分析；待测工程项目类别分析；工程造价模糊估算；对工程数据进行调整。

聚类分析原是数理统计多元分析的一个分支，是统计模式识别的一种重要方法，它根据事物的特性并按照预定的标准对事物进行分类。其基本原理是在无先验知识的情况下，按照“物以类聚”原则，分析各模式向量之间的距离及分散情况，以样本的距离远近划分类别，属于无监督分类范畴。

在对模式信息进行处理与识别过程中，模式信息中出现模糊信息时，可采用模糊聚类方法。这是利用模糊等价关系将给定的对象分为一些等价类，以确定样本亲疏程度的分类方法。模糊聚类分析的步骤，可分为4步。

(1) 选择统计指标

根据实际情况，选择那些具有明确意义，有代表性的特征，作为待分类事物的统计指标，统计指标选择得如何，对分类结果有直接的影响。在本书中，统计指标是“工程特征”。

(2) 数据标准化（正规化）

把代表事物各特征的统计指标的数据进行处理，使之便于分析和比较，数据标准化可按如下方式进行。

$$x'=\frac{x-\overline{x}}{\sigma} \tag{3-40}$$

式中 x——原始数据；

$\overline{x}$——原始数据的平均值；

σ——原始数据的标准差。

(3) 标定

所谓标定，就是根据实际情况，按一个准则或某一种方法，给论域 U 中的元素两两之间都赋予区间 [0，1] 内的一个数，称为相似系数，其大小代表两个元素彼此接近或相似的程度。

设 $U=\{u_1,u_2,\cdots,u_n\}$ 为待分类事物全体，u_i 由一组数据 $x_{i1},x_{i2},\cdots,x_{im}$ 来表示，r_{ij} 表示 u_i 与 u_j 的相似系数，$0\leqslant r_{ij}\leqslant 1(i,j=1,2,\cdots,n)$，$r_{ij}=0$ 表示 u_i 与 u_j 毫不相干，$r_{ij}=1$ 表示 u_i 与 u_j 完全相同，任何情况下 $r_{ii}=1$。

确定 r_{ij} 的方法有多种，这里仅介绍“贴近度法”。

如果特征 x_{jk}，$x_{jk}\in[0,1](k=1,2,\cdots,m)$，则 $u_i=(x_{i1},x_{i2},\cdots,x_{im})$，$u_j=(x_{j1},x_{j2},\cdots,x_{jm})$，$D(u_i,u_j)$ 为贴近度。贴近度的计算方法包括格贴近度和距离贴近度。计算距离的方法又有 Minkowski 距离、马氏距离、

Lance 距离和 Chebyshev 距离。这里仅列出用 Minkowski 距离计算贴近度的方法。

距离贴近度计算公式为：$r_{ij}=1-c[d(u_i,u_j)]^a$。其中，c 和 a 为适当选择的参数值，$d(u_i,u_j)$ 为模糊距离：Minkowski 距离 $d(u_i,u_j)=(\sum_{k=1}^{m}|x_{ik}-x_{jk}|)^{1/p}$。

(4) 聚类

聚类的方法有传递闭包法、最大树法、编网法、基于模糊划分的模糊聚类法等。这里仅介绍传递闭包法和基于模糊划分的模糊聚类法。

为叙述方便，规定 $M_{m\times n}$ 表示全体 m 行 n 列的模糊矩阵，若 R 为模糊矩阵，则规定 $R\in M_{m\times n}$。

运算定义：设 R、R^T、$S\in M_{m\times n}$，其中 $R=(r_{ij})$，$R^T=(r_{ji})$，$S=(s_{ij})$，对 $\forall i$，j。

① 若 $r_{ij}\leqslant s_{ij}$，则称 S 包含 R。

② 若 $r_{ij}=s_{ij}$，则 R^T 称为 R 的转置矩阵。

模糊自反矩阵：设 $R\in M_{m\times n}$，若 $R\supseteq I$，则 R 称为模糊自反矩阵。其中

$$I=\begin{bmatrix}1 & 0 & \cdots & 0\\ 0 & 1 & \cdots & 0\\ \cdots & \cdots & \cdots & \cdots\\ 0 & 0 & \cdots & 1\end{bmatrix} \tag{3-41}$$

模糊对称矩阵：设 $R\in M_{m\times n}$，$R^T=R$，则 R 称为模糊对称矩阵。

模糊传递矩阵：设 $R\in M_{m\times n}$，$R\supseteq R^2$，则 R 称为模糊传递矩阵；包含 R 而又被任意包含 R 的传递矩阵所包含的传递矩阵，称为传递闭包，记为 $t(R)$。

模糊相似矩阵：设 $R\in M_{m\times n}$，若 R 是自反、对称的模糊矩阵，则 R 称为模糊相似矩阵。

模糊等价矩阵：设 $R\in M_{m\times n}$，若 R 是自反、对称、传递的模糊矩阵，则 R 称为模糊等价矩阵。

定理：若 $R\in M_{m\times n}$ 为模糊相似矩阵，则 R 的传递闭包 $t(R)=R^K$ 必是模糊等价矩阵。

由于标定所得模糊矩阵 R 满足自反性、对称性条件，是模糊相似矩阵，

所以其传递闭包 $\overline{R}=t(R)$ 为模糊等价矩阵。

3.5.2 已完工程项目聚类分析

工程的工程特征主要体现在以下几个方面：①工程类型（包括隧道、桥梁、路面、土石方等）；②工程规模和技术复杂程度；③施工方法；④地质条件；⑤工作内容；⑥工程费用；⑦其他等。将已完工程数据按工程特征及所具有的代表性，有选择地进行同类型数据合并，实现决策数据的提取。

采用模糊聚类方法根据工程特征和所具有的代表性，对大量已完工程样本进行分类。设已完工程样本集中有 X 个样本，其中每个样本有 S 个特征，采用模糊聚类方法进行分类。

通过模糊聚类分析可以得到以上相应七个工程特征的已完工程数据文件：对上述文件还可以进行进一步分析，包括各项费用指标的分析，对造价变化的测度，对某些参数调整后造价的影响。

3.5.3 待测工程项目归类

已完工程项目分类完毕后，需要对待测项目归类，待测工程确定为哪一类工程项目，就按哪一类已完工程项目为样本进行工程造价预测。

① 建立工程特征的树形结构。

② 确定拟估计工程与某个同类工程在某一位特征编码位上的相似程度（隶属度），建立相应的隶属函数。

③ 根据上述各隶属函数，建立拟估计工程与其同类工程的相似程度描述矩阵——隶属矩阵。

拟估工程 X 和同类工程 Y 特征编码的欧式距离为

$$d(x_i,y)=\left[\sum_{k=1}^{m}\left|u(x_k)-u(y_k)\right|\right] \tag{3-42}$$

其中 μ 为隶属函数。

贴近度计算公式为

$$(x,y)=1-\frac{1}{n}\times d(x,y) \tag{3-43}$$

④ 确定参照工程。根据贴近度最大的原则，确定贴近度最大、次大和第三大的三个工程 A、B、C。

3.5.4 工程造价模糊测算

（1）类似工程的时间调整和系数调整　对于上述三个工程分别进行时间调整和地域调整，由于类似工程与拟估工程相比，可能建造的时间不一样，建设地点也不一样，时间和地点的不同会对工程造价产生一定的影响，调整的方法为单价（分部分项工程单价）×时间调整系数×地域调整系数。

时间调整可以采用有关部门颁布的造价指数，但是造价指数是对所有工程而言的，可能误差比较大，可以按式（3-44）计算本类工程的造价指数 α。

$$\alpha=\frac{\sum_{i=1}^{n}(D_{ri}P_{ri})}{\sum_{i=1}^{m}(D_{0i}P_{0i})} \tag{3-44}$$

式中　D_{ri}——报告期类似工程单价（分部分项工程单价）；

P_{ri}——权重；

D_{0i}，P_{0i}——基期类似工程单价（分部分项工程单价）和权重。

地域调整系数的计算可以采用有关部门颁布的地区差价系数，例如各地工程造价协会定期会发布不同地区的工程造价比价，也可以按下列公式计算本类工程的地区差价 β。

$$\beta=\frac{\sum_{i=1}^{n}D_{ri}P_{ri}}{\sum_{i=1}^{m}D_{0i}P_{0i}} \tag{3-45}$$

式中　D_{ri}——报告期类似工程单价（分部分项工程单价）；

P_{ri}——权重；

D_{0i}，P_{0i}——基期类似工程单价（分部分项工程单价）和权重。

（2）确定拟估工程每单位工程量造价　设3个同类工程相对于拟估工程的贴近度为 p_1、p_2、p_3，满足 $p_1 \geqslant p_2 \geqslant p_3$，时间调整系数为 α_1、α_2、α_3，地域调整系数为 β_1、β_2、β_3，对应同类工程每单位工程量 CSIs 造价分别为 D_1、D_2、D_3，则拟估工程每单位工程量 CSIs 造价 D 为

$$D=\alpha_1\beta_1 p_1 D_1+\alpha_2\beta_2 p_2 D_2(1-p_1)+\alpha_3\beta_3 p_3 D_3(1-p_1)(1-p_2)+\frac{(1-p_1)(1-p_2)(1-p_3)(\alpha_1\beta_1 D+\alpha_2\beta_2 D_2+\alpha_3\beta_3 D_3)}{3} \tag{3-46}$$

3.6 模糊推理系统（FIS）预测拟建项目投资

神经网络法、模糊聚类法、GM（1，1）法都是建立在已有一定已完成的类似工程投资数据的基础上，然后建立相应预测模型进行投资估算预测。而当国内外同类工程数据短缺的情况下，如何对新建项目进行投资估算呢？本书试图在依据 WLC 和 CS 理论建立预测全生命周期造价的显著性成本项目 CSIs 测算方法对项目进行投资估算，在新建项目没有类似工程的条件下，通过对新建项目筛选出 CSIs，分解为有类似项目和无类似项目 CSIs，对有类似项目 CSIs 通过神经网络方法进行预测（如前所述），对无类似项目的 CSIs 则充分利用多年的建设已经积累起丰富的以模糊语言为载体的专家经验，通过模糊推理系统（FIS）使以模糊语言形式存在的专家经验能够参与运算，最后得到新建项目 CSIs 的投资估算数据和显著性因子数据，那么新建项目在无类似项目条件下进行投资估算的难题也就得以解决。以下着重探讨基于 WLC 和 CS 理论的模糊推理系统的应用。

3.6.1 模糊推理系统（FIS）建立过程

模糊推理系统（Fuzzy Inference System，FIS）也称为近似推理，是一种将人类直觉推理模型化的方法，是模糊逻辑理论的最终目的，是获取人类知识的过程。生活中存在大量以模糊的语言概念形式存在的专家经验，模糊推理能通过 FIS 对其进行管理。模糊推理系统已经成功应用于自动控制、数据分类、决策分析、专家系统等领域。因为模糊推理系统有多方面应用价值，所以它又被称为基于规则的模糊系统（Fuzzy Rule Based Systems）、模糊专家系统、模糊联想记忆系统、模糊逻辑控制器等。

模糊推理系统的建立分五个步骤。

（1）将精确量“模糊化”

它是模糊推理系统输入的预处理。实际问题中观测值常常是“精确值”，比如在信用卡审批中，通过评分表所获得的是精确的数字，而不是模糊推理系统可以处理的“模糊值”，所以需要将“精确值”模糊化。连接“精确值”和“模糊值”的纽带是隶属函数。确定隶属函数的方法有德尔菲法、模糊统计法、相对选择法、因素加权综合法等，遗传算法、模糊神经网络等被用于隶属函数参数优化。

（2）生成“如果-那么”式条件规则

这些规则都是一些“模糊命题”，以“如果 x 是 A 并且（或者）y 是 B……，那么是 C”的形式出现。“模糊命题”即规则可以有多个，全都依据专家经验或基本常识建立，采用模糊语言推理形式表现出来。“如果”之后的“前提”是模糊推理系统的输入，“那么”之后的“推论”是输出，输入与输出都是模糊集。“模糊命题”的真实度是一个 0～1 之间的常数，越接近于 1，代表命题越加真实。

（3）推理（Implication）

“精确值”经隶属函数的模糊化，对应一个模糊值，即某模糊集的隶属度，“非零”的隶属度作为模糊推理系统的输入会“激活”一些“模糊命题”。若“模糊命题”的“前提”包含多个模糊集，那么需对输入模糊集的隶属度进行运算。经过运算，被“激活”的每个“模糊命题”都输出一个 0～1 之间的常数。这个常数就是“模糊命题”为真的程度，即输出模糊集的隶属度。

推理运算有两种常用方法：一是 max-product 法；另一种是 max-min 法。max-min 法的运算过程如图 3-10 所示。模糊命题 K 中，输入模糊集为 A_1、A_2，输出模糊集为 B。模糊集 A_1 隶属度为 u_1，A_2 为 u_2，输出模糊集 B 的隶属度为 u_3，max-min 法的推理运算方法为：$u_3=\min\{u_1,u_3\}$。

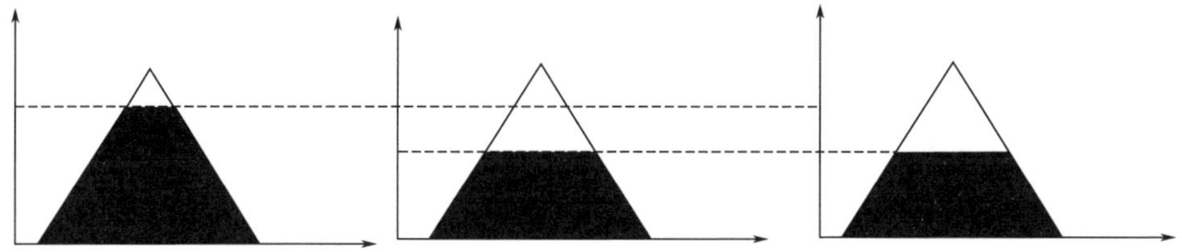

图 3-10 max-min 法的运算过程

图 3-10 中，输出模糊集 B 中深色区域称为“解域”（Solution Region）。

（4）“合成运算”（Aggregation）

每个被激活“模糊命题”都有“解域”，对这些“解域”需要进行合成。合成运算常用的有最大值运算、求和运算等。

（5）“去模糊化”

合成的结果是一组模糊集“解域”，只有对其“去模糊化”，才能使模糊的专家语言判断转化成精确的数值信息。最常用的“去模糊化”方法是：①质心法（Centroid Method），即寻找一组模糊输出解域的平衡点值，也是本书所用的方法；②隶属度最大“解域”法。在一组模糊集“解域”中，取隶属度最大的“解域”。因为该隶属度对应一个“线段”，所以对应无数“精确值”。根据“取点”方法的不同，又分为：MOM 法（Mean of Maximum Method），取“线段”中点对应的“精确值”；SOM 法（Smallest of Maximum Method），取“线段”对应“精确值”中的最小值；LOM 法（Largest of Maximum Method），取“线段”对应“精确值”中的最大值。以上过程可由图 3-10 表示。

3.6.2 模糊推理系统（FIS）在投资估算中的应用

首先对新建项目分析影响其工程造价的工程特征，从中选出对工程造价影响最大的 $M+N$ 个工程特征。其中，M 个工程特征是从现有工程资料中可以获得的数据，数据形态既可以是数值形态也可以是模糊语言形态；N 个工程特征从现有资料无法获知，但是与前 M 个工程特征具有某种经验或逻辑上的联系。这 $M+N$ 个工程特征又与工程总造价具有某种经验或逻辑上的联系。对新建项目进行投资估算的模糊推理系统构建过程如下。

① 将 M 个已知工程特征作为输入函数，N 个未知工程特征作为输出函数。如果是输入函数，取值是精确量，通过建立隶属函数将其模糊化；如果是模糊语言形态，直接赋予其隶属度，将其模糊化；同时，对 N 个未知工程特征也建立起隶属函数。

② 在 M 个已知工程特征和 N 个未知工程特征中建立起推理规则，这些规则都是一些“模糊命题”，是专家经验的反映。“模糊命题”的建立，使专家经验能够参与运算。

③ 经过推理、合并运算后计算得到 N 个未知工程特征的“隶属度”。但是这里不需要对 N 个未知工程特征“隶属度”进行“去模糊化”。

④ 将 $M+N$ 个工程特征作为输入函数，工程造价作为输出函数。对输出函数建立隶属函数。在 $M+N$ 个工程特征之间与工程造价之间建立起推理规则，推理规则是专家经验的反映。进行新一轮的模糊推理运算后，得到工程造价的“隶属度”，此时，对工程造价进行“去模糊化”，就得到精确的工程造价数据。

以上过程可由图 3-11 表示。

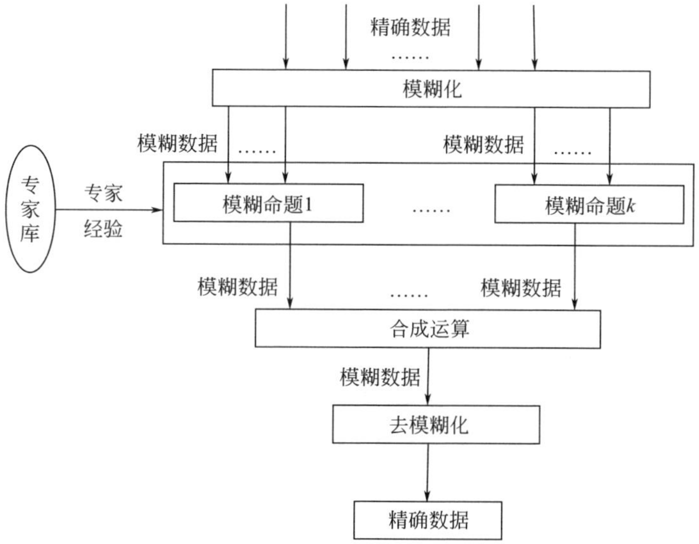

图 3-11 模糊推理系统工作流程

3.7 基于 WLCS 和 GA 的投资估算模型

3.7.1 遗传算法的基本理论

线性投资预测方法不能满足非线性的复杂系统的投资决策需求。因此，需要突破传统思想的束缚，从非线性思维的角度建立新的预测方法。遗传算法作为一种全局优化算法理论可以有效解决这一问题。

遗传算法是从所要解决问题可能潜在的解集的一个种群（Population）开始的，而这个种群则由经过基因（Gene）编码的一定数目的个体（Individual）组成。每个个体实际上是用染色体（Chromosome）所表示的实体。个体的特征表现取决于染色体的内部表现，也就是其基因型。染色体作为遗传信息的主要载体，是特征基因的组合。首先要进行特征表现的数据化，对特征基因进行编码，建立数据化的初始种群。然后按照优胜劣汰的原理，逐代模拟进化，进化过程也就是求得最优解的过程。在每一代中，根据问题域中个体的适应度大小选择个体，并借助自然遗传学的遗传算子（Genetic Operators）对染色体进行选择、交叉和变异，从而产生最适应个体，经过解码，可以作为问题的最优解。遗传算法具有如下特点。

① 遗传算法的可优化对象范围很广。遗传算法在选定编码方式并建立初始种群后，对参数的编码集进行演化处理，而不是计算相关函数，所以对优化函数的性质没有具体要求。函数既可以是连续的，也可以是不连续的；既可以是可导的，也可以是不可导的。这与传统优化方法对优化函数在连续性、可导性方面的要求不同，极大地提高了可操作性和简单性。

② 遗传算法的搜索初始点是群体，而不是单一的初始点，这种方式有利于搜索过程以较大的概率跳出局部极值点，提高了算法搜索到问题全局最优解的能力。

③ 遗传算法构造简单、易于实现，对具体的运行环境没有过多的限制，可以在不同的软硬件平台上实现。目前，应用较为广泛、操作简便的是MATLAB软件操作平台。自从MATLAB7.0加入遗传算法工具包后，遗传算法操作更加简便易行。

④ 遗传算法具有很强的鲁棒性。即使在存在影响因素的情况下，对同一问题多次求解，所得到的结果仍然是相似的。

3.7.2 基于WLCS和GA的投资决策模型

复杂系统涉及的范围很广，包括自然、工程、生物、经济、管理、政治等社会生活的方方面面。将复杂系统的建模方法应用到投资决策分析中，即将WLCS和GA结合，建立投资决策模型。

3.7.2.1 构建数据库

通过对已建工程的相关数据的整理加工，来预测拟建工程成本。由于工程项目成本的相关数据非常繁多，如何从这么多数据中提取出对预测造价有用的信息是本部分的一个关键点。GA模型的应用必须有与之相应的数据库，根据实际情况，本部分选取已完工程的相关数据中有用的信息建立数据库。

（1）数据来源

所用的数据来源于实际已完工程的工程量清单。由于合同文件和结算工程量清单属于企业的保密资料，搜集整理有一定的困难，因此搜集到的数据有限。另外，我国结算造价的建设成本和运营维护成本是分开的，很多工程有结算成本，但运营维护成本很不完善。通过对已有数据资料的整理，从中选择出工程全生命周期的各个阶段数据比较齐全的工程量清单，作为模型实证所需的原始数据资料。所需数据的来源主要有以下两种渠道：通过相关文献、互联网查阅检索等，搜集所需的相关数据资料；通过相应工程项目的实地调查，搜集有关数据资料。

（2）折现率和WLCS单位成本

工程项目的寿命一般在50年以上，属于长期投资，并且涉及的金额较大，所以需充分考虑资金的时间价值。目前，我国建设项目经济评价所使用的折现率（i_c）尚没有统一的相关规定；折现率的确定方法有很多，其中应用较为普遍的方法是以行业平均收益率为基础，同时综合考虑资金成本、投资风险、通货膨胀率以及资金限制等影响因素；为了便于研究，本书将通货膨胀率设为定值，其他因素在计算时可以忽略，那么基准折现率为无风险报酬率和风险报酬率的和。

通过已建同类工程预测拟建项目，需要知道已建工程的WLCS单位成本。由于不同的项目工程量不同，其WLC总成本存在很大差异，少则几十万元，动辄几十亿元，项目的WLC总成本不具有参考价值，因此，可以通过确定单位成本的方法来整理数据。

由于不同项目之间存在时间和地区上的差异，所以对项目成本分析时需要考虑时间和地区差异造成的影响。为了方便计算，所选择的工程项目地区差异不明显，可以不用考虑地区差异。对于项目全生命周期成本的计算，运用净现值法可以消除时间差异。这样，在计算时，仅需要考虑样本工程所在年份不同所造成的影响。由于所搜集的项目年份不同，需要选择统一的研究基年。将所选择的样本工程的工程开始运营时间作为每个样本的研究基年，这个项目全生命周期中所有发生的费用折现到这一研究基年。然而，不同的工程研究基年是不一样的，在这里可以指定某一年为统一研究基年，所有样本工程都统一到这一年进行计算。

（3）构建数据库

建立的数据库中需要包括以下几项内容：工程项目的工程特征、显著性项目（CSIs）、显著性因子（CSF）。

虽然两个工程不可能完全一样，但同类工程的工程特征必然十分相似，特别是按照工程量清单进行分拆后，组成工程的某些分部分项存在极大的一致性。工程特征，是指能体现工程特点，且能反映主要成本项目水平高低的重要因素。首先要进行工程特征的选取，一般是参照定额标准、历史数据，并结合专家的经验确定。由于工程特征是定性的，为了便于建立数学模型，在选定工程特征后，还要将其定量化。一般情况下，可以根据工程的实际情况结合专家意见确定相应的定量化数据。

3.7.2.2 GA投资决策模型

（1）模型一般形式

根据工程的特点，对工程项目进行投资决策分析需要建立一个非线性的复杂的分析模型，其数学模型如下。

目标函数为 $\min f(X)$

约束条件为

$$s.t.\ X=[x_1,x_2,\cdots,x_n]^T\in R^N$$

$$g_j(X)\leqslant 0(j=1,2,\cdots,J)$$

$$\underline{x_i}\leqslant x_i\leqslant\overline{x_i}(i=1,2,\cdots,N)$$

式中 X——变量；

$f(X)$——目标函数；

$g_i(X)$——变量的约束函数；

$\underline{x_i}$和$\overline{x_i}$——变量的上下限。

上述数学模型是对实际问题所作的一种数学描述。由于工程项目评价中的问题一般比较复杂，进行精确的数学表达往往很困难，一般只能在某种简化条件下，给予近似的描述。现实决策分析时所遇到的问题可以转化为数学模型，通过求解模型可以解决实际问题。

（2）模型设计

① 设计变量。根据上述WLCS模型和构建的数据库，模型的变量为数据库中的已建工程项目，其主要包括工程项目特征、显著性项目、显著性因子三部分内容。其中，工程特征和显著性项目是定性的，显著性因子是定量的。

由于工程特征与项目之间是一一对应的关系，建立模型的目的是为了通过工程特征和已建工程的CSF，预测拟建项目的CSF。根据同类工程具有相同的显著性项目这一原则，并且结合施工图计算出拟建项目的显著性成本，然后预测工程造价。因此，每一个工程项目可以用工程特征和CSF来表示，并将工程做定量化处理。

运用遗传算法解决问题，其目标函数的变量即为数据库中的工程项目，可以通过工程项目所对应的工程特征和 CSF 来表示。目标函数的变量可以表示为

$$f(X)=f(X_i,Y_i)$$

式中 X_i——数据库中第 i 个工程项目的工程特征；

Y_i——数据库中第 i 个工程项目的显著性因子。

② 目标函数。在优化设计中，目标函数是衡量设计方案优劣的标准。优化设计的目的就是要选择设计变量使目标函数值达到最优。目标函数有极大、极小两种情况，一般情况下目标函数是求极小值问题，需要将求极大值的目标函数转换成极小值问题，目标函数 $f(X)$ 的极大值等价于 $-f(X)$ 或 $f(X)$ 的极小值。

建立模型的实质是从大量的已完工程项目中寻找拟建项目的 CSF。同类工程具有相同的显著性项目，并且 CSF 稳定，从而可以根据同类的已建工程预测拟建工程成本。工程特征相似的可以定义为同类工程，因此，可以通过工程特征来设计目标函数。工程特征是一个概念性的变量，可以通过判断概念的相似度来构建目标函数。相似度的取值范围在 0～1 之间，当相比较的两个概念完全相同时，其相似度定义为 1；当两个概念完全不同时，其相似度定义为 0；其他情况下，相似度在 0～1 之间。相似度包括算术平均法、几何平均法、最大最小法、相关系数法、指数法，相似度越大，匹配度就越大。本书采用指数法，设两个概念 A，B，其相似度计算公式如下。

$$sim_{se}(A,B)=\mathrm{e}^{-d(A,B)} \tag{3-47}$$

式中 $d(A,B)$——两个概念之间的距离。

在本书模型中，运用 GA 需要对变量编码，则 $d(A,B)$ 可以表示为两个概念之间的海明距离。本书的 GA 模型是通过比较拟建项目与已建项目的工程特征，从中选择相似度高的个体遗传到下一代，所以目标函数应设置为求最大值问题，即

$$\max f(X)=\max sim_{se}(x_i,x_m)=\max \mathrm{e}^{-d(x_i,x_m)}$$

式中 x_m——拟建项目的工程特征；

x_i——样本工程中第 i 个工程项目的工程特征。

③ GA 求解模型。遗传算法将样本工程群体作为处理对象，利用遗传操作算子，使群体不断进化，直到求得拟建工程的 CSF 为止，并以此作为

模型最优解。

a. 编码。在运用遗传算法求解问题时首先要对研究对象做编码处理，这是设计遗传算法时的一个关键步骤。一般情况下，大多数问题都可以采用基于（0，1）字符集的二进制编码形式。当采用二进制编码时染色体过长，或采用二进制编码很难准确地表示染色体时，可以采用其他编码方式，比如实数编码、浮点编码等。实数编码的优点是操作简便，可以克服二进制编码时出现的字符串过长，遗传操作过程中计算困难等问题。浮点编码主要是用于处理变量中的数据含有小数点的情况。本书模型中的输入变量由量化的工程特征和显著性因子组成，因为显著性因子含有小数点，所以本书采用浮点编码的方式。

b. 遗传操作算子。遗传算法主要包括选择、交叉、变异三个基本算子。选择是从当前群体中选择适应值高的个体进入下一代的遗传操作中。选择的方法有很多，其中常用的是适应值比例选择和精英选择，通常是将这两者结合使用。适应值比例选择的计算思路为，每个个体被选中的概率，取决于其适应值在群体中所有个体适应值之和所占的比例。首先计算每个个体的适应值，然后求得群体中所有个体的适应值之和。某个体的适应值在适应值总和中所占的比例，则代表该个体在选择中被选中的概率。适应值占比最大的个体，被选择进入下一代，这充分体现了自然进化过程中的“适者生存”的思想。例如，对于给定的个体数量为 n 的群体 $P=\{a_1,a_2\cdots,a_n\}$，个体 $a_j\in P$ 的适应值为 $f(a_j)$，其选择概率为

$$p_s(a_j)=\frac{f(a_j)}{\sum_{i=1}^{n}f(a_i)},j=1,2,\cdots,n \tag{3-48}$$

在适应值比例选择计算中，可能出现下一代群体的最优个体的适应值小于当前群体的最优个体的适应值的情况，将导致优化问题计算难以得出最优解。这就需要引入精英选择，当出现上述情况时，则将当前群体中适应值大于下一代最优个体适应值的个体，直接复制到下一代，随机替代下一代群体中同样数量的个体。

在遗传操作中，通过群体中个体之间的交叉，来保证群体多样性，防止陷入局部最优解。交叉操作是指对随机选中的两个个体，交换其中某一特定基因位上的基因。通常使用的交叉算子有一点交叉、两点交叉、多点交叉、一致交叉等，其中，一点交叉是最基本的交叉方式。比如，基因型 G_a、G_b

分别表示一组被选中的配对个体 a、b 的基因，$G_a=\{11000110\}$，$G_b=\{10001110\}$，做一点交叉操作，如下所示。

父代：G_a 为 $1100\underline{0110}$；G_b 为 $1000\underline{1110}$。

子代：G_{ab1} 为 $1000\underline{1110}$；G_{ab2} 为 $1100\underline{0110}$。

生成的子代个体的基因型即为父代个体在相同基因位上基因的变换所得到的新的基因型。

交叉概率是指控制交叉操作的频率，交叉概率高，可以获得更大的解空间，增大获得最优解的概率，但其也有负面影响，交叉概率过高会使搜索过程耗费太多的时间。有一种自适应调整的 P_c，可以根据具体情况对 P_c 做相应调整，一般取值在 0.6～1.0 之间。

$$P_c=\begin{cases}P_c\dfrac{f_{max}-x_{max}}{f_{max}-f_{avg}}, x_{max}\geqslant f_{avg}\\ P_c, x_{max}<f_{avg}\end{cases}\quad (P_c\text{ 一般取值为 }1.0)$$

式中 x_{max}——参与交叉操作的两个个体中适应度较大的一个；

f_{max}——群体最大适应度；

f_{avg}——群体平均适应度。

在遗传操作中，变异操作对应于自然界生物进化过程中的基因突变。基因突变发生的概率虽然低，但对于物种的进化是必不可少的。变异可以在种群中加入新的基因型，以避免陷入局部解。变异概率直接决定着新基因导入群体的比例。变异率过低不会对遗传操作产生什么影响，过高则有可能偏离最优解。自适应调整的 P_m，一般取值在 0.005～0.01 之间。

$$P_m=\begin{cases}P_m\dfrac{f_{max}-y}{f_{max}-f_{avg}}, y\geqslant f_{avg}\\ P_m, y<f_{avg}\end{cases}\quad (P_m\text{ 一般取值为 }1.0)$$

式中 y——参与变异操作的个体的适应度；

f_{max}——群体最大适应度；

f_{avg}——群体平均适应度。

c. 适应度函数。群体中个体被选中的概率与适应度有关，个体的适应度反映了该个体对于环境的适应能力。适应度高，则为优秀个体，可以保留下来，继续遗传操作；适应度低，则为劣质个体，应被淘汰。个体的适应度通过适应度函数来表示，适应度函数是进行选择的依据。适应度函数选择的正确与否直接关系到是否能找到最优解，所以，适应度函数设计非常重要。适应度函数基本上根据优化问题的目标函数而定。

目标函数有极大和极小两种情况，当目标函数值非负时，适应度函数与目标函数的关系可以直接表示为：

$$Fit[f(X)]=\begin{cases}f(X)，\text{目标函数值为最大化问题}\\-f(X)，\text{目标函数值为最小化问题}\end{cases}$$

当目标函数为最大化问题时适应度函数即为目标函数，当目标函数为最小化问题时适应度函数为目标函数的负值。书中模型是求极大值问题，所以适应度函数为 $$Fit[f(X)]=\mathrm{e}^{-d(A,B)}$$

d. 终止条件。终止条件一般采用设定最大代数的方法。设定最大代数的方法简单易行，但在种群数量较多时，结果往往不准确。另外，终止条件还可以根据种群的收敛程度来判断，即通过所有基因位的相似性程度来进行控制。除此之外，在采用精英选择保障收敛性的前提下，可以根据每代群体中最优个体的适应值的变化情况来判断是否收敛。书中模型是要通过比较工程特征的相似度，从而求解出拟建项目的 CSF 的最优值。由于所选取的初始种群数量有限，终止条件采用设定最大代数的方法。

3.8 结论

3.8.1 对 CS 理论的评价

CS 理论能够最大限度地减轻数据分析整理工作量，是对海量数据挖掘领域的数据挖掘方法的重大贡献，其具有以下特点。

① 通过使用 CS 理论挖掘工程的关键数据，明显减少了计算工作量，为降低数据搜集难度，提高预测准确度打下坚实基础。

为了降低工程造价的估算难度，同时减少预测误差的产生来源，本书对工程中的大量数据进行了数据挖掘。通过对 CS 理论的实际应用，找出了工程中的关键项目，即显著性项目，为降低操作难度、减少误差来源做好了基础工作。

② 显著性因子（CSF）的测算取决于类似工程的相似度和拟建工程与类似工程的相似度，其直接影响 CSF 的准确性。

③ CSIs 的选取主要以造价高低为依据，并没有考虑工期、质量、新工

艺、新材料、工程结构、施工方法、技术复杂程度的影响，因此，并不排除新技术、新材料工程造价低、技术复杂，但对整个工程工期质量影响大的项目没有考虑在内。

④ 该方法为经验获取型（Empirical），现在仍无法从理论上证明 CSIs 与其价值的显著性具有一致性，即 20%（少量）的 CSIs 能够反映 80%（大部分）的项目价值，并且 CSIs 选取依赖于对其涵盖范围的规定和大小的划分。

3.8.2　对混沌理论的评价

① 混沌预测模型只适合于存在混沌现象的工程造价系统。通过实际应用，发现工程造价系统中存在着混沌现象，但在使用混沌理论对工程造价系统进行估算前，首先要判断出原始数据系统是否具有混沌性质，只有满足混沌性质的系统，才能使用混沌理论进行估算预测。

② 混沌预测模型在应用前需要一定的基础数据。在预测前，必须本着大量精细的原则，做好数据的搜集和整理工作。在已经具有了一定原始数据的基础上，才能够使用混沌预测模型对工程造价进行预测研究，所以在施工初期混沌预测模型是无法使用的。相对来说，混沌预测理论更适合大中型项目。

③ 混沌预测模型的预测误差随预测时间的延长而增大。预测误差随预测时间的延长迅速增大，这种现象是由混沌对初始条件的极端敏感性决定的，由此得出混沌预测理论只适合短期的预测。如果想提高预测的时间和精度，可以通过循环多次预测，提高原始数据的数量和精度等方法做到。

3.8.3　对 BP 神经网络方法的评价

BP 神经网络方法是在模拟人脑思维过程的基础上，所建立的对实际输入/输出变量高度非线性映射关系的高度拟合，是对以往建立在线性关系上的投资估算方法的变革和革新，它消除了不同人脑思维和经验方面的差异，使分析建立在“共性”分析思维基础上，消除了“人为”差异，但其存在如下不足。

① 神经网络对新的预测值泛化能力差，需建立在大量数据训练基础上，才能得到较准确的数据。

② 大量样本在神经“黑箱”中训练获取权值，依此推测待测具有不同工程特征项目的造价等数值，新的项目是否与训练样本具有很高相似度和一致性，因“黑箱”训练，无从知道。因此，类似项目和类似工程之间的类似度及一致性仍具有较大模糊性。

3.8.4 对 FIS 的评价

毋庸置疑，模糊推理和模糊聚类方法取决于专家及数据分析人员经验的可靠性与稳定性，但是专家经验和专家本身存在较大模糊性及难以执行性，即具备什么条件和什么程度才具备专家经验资格，应采取什么样的经验获取和调查方法，如何消除专家经验在不同调研方法和不同心理状态下的不稳定性差异，是采用本方法应首先要解决的问题。

3.8.5 对 FC 方法的评价

传统的聚类分析是一种硬划分，它把每个待辨识的对象严格地划分到某个类中，具有非此即彼的性质，因此这种分类的类别界限是分明的。而实际上大多数对象并没有严格的属性，适合进行软划分。模糊集理论为这种软划分提供了有力的分析工具。

以前，很多研究里对于少量已完类似项目情况下的聚类通常使用硬划分，就是具有非此即彼的特性，把每个待分析的项目对象严格地划分到某一个明确的类中，即类别界限明确。而在实际工作中，大多数项目对象没有严格的属性用于硬划分。模糊聚类方法为此提供了依据，是对项目对象进行软划分的分析工具。模糊聚类方法消除了以往通过人为经验进行判定“相似性”的误差及所产生的“模糊性”，在定量方法分析的基础上使得“相似性”的判定准确建立。显然，其准确性还受到一定的制约，受到工程特征的选取、显著性成本项目的确定等因素的影响。

3.8.6 对遗传算法的评价

遗传算法作为一种用于最优化搜索的方法，虽然具有操作简单、适应性强等优点，但也有其自身的局限性。遗传算法在解决优化问题的过程中主要存在以下不足。

首先，使用GA求解问题时，适应度函数的选择非常重要。适应度函数选择不当会导致目标函数收敛于局部最优解，而不能达到全局最优解。在项目决策中，有些问题不能很好地用数学模型表示出来或适应度很难用函数表示，此时应用GA可能无法解决问题。

其次，对于任何一个具体的优化问题，遗传算法的参数是否合适对优化结果有很大影响。这些参数包括个体数目、交叉率和变异率等。比如变异率过大会导致丢失最优解，而过小则会导致算法过早地收敛于局部最优点。在实际应用中，往往由于参数设计中细小的差别导致不同的计算结果。也就是说，参数选择稍有不当就可能导致优化问题出现错误。

最后，GA并不一定是最好的解决优化问题的方法，优化问题要具体情况具体分析。所以在使用遗传算法的同时，也可以尝试其他算法，互相补充，从而达到更好的优化效果。

3.8.7　小结

对于已完工程，显然更适合进行模糊聚类，之后通过模糊划分清晰化，将已完工程分成几个明确的类别。新建工程先按照某种判断规则归入某类，之后在该类中选出与其贴近度最大的三个已完工程项目做参照工程。进行一些差异调整（比如时间、地区、工程内容），选择合适的单位工程量（比如面积单位），计算出参照工程单位工程量造价，根据待建项目工程量，就可估算出待建项目工程造价。该方法充分利用了已完工程的各种信息，可操作性强，具有很强实用价值。

基于显著性成本理论、全生命周期造价理论的神经网络理论预测拟建项目投资估算模型，从全生命周期造价最小化角度，运用CS理论方法提出了显著性成本项目测算CSIs法，以最大限度减少计算工作量，并充分利用神经网络这个“特征提取器”的作用，从历史工程造价资料中提取显著性成本项目和显著性因子；由于神经网络具有高度的容错性，因而对于过去的工程资料中由于人为的或其他因素造成的偏差有自动纠偏功能，对显著性成本项目和显著性因子的类似性有自动拟合、自动纠偏的功能；此外，由于神经网络是并行处理数据的，因而其处理速度相当快，这点满足了快速估算的要求。尽管BP网络单次的预测结果与实际值相比，可能误差较大，即预测结果具有一定随机性，但是，通过多次预测，而后对其求平均值，可以基本消除这种随机性，使估算结果具有相当高的精确度，完全可以满足工程项目投资估算精确度要求。

在 WLC 和 CS 理论基础上，利用 CS 理论简化计算，建立了在无类似工程条件下对新建项目 CSIs 和显著性因子进行全生命周期造价估算的方法，将模糊推理系统应用于新建项目造价估算中，详述了模糊推理系统在投资估算造价中的建立过程。该方法在立足于专家经验的基础上，利用模糊推理系统使以模糊语言形态存在的专家经验能够参与到投资造价的计算中来。模糊推理系统的核心是推理规则，而推理规则是专家经验的体现。专家经验越丰富、可靠，推理系统的结果也就越精确。

第4章 政府投资建设项目全生命周期成本的控制理论和方法

本章首先在施工过程中将已获价值管理法（Eared Value Management，EVM）应用于监控显著性成本项目（CSIs）进展；其次，利用灰色预测模型预测“已完工程CSIs实际造价和预算造价”（ACWP和BCWP）指标；再次，建立庞德里亚金最优控制模型，进行全过程投资控制、优化方法的研究。

4.1 运用EVM和GM（1,1）方法预测及监控CSIs项目的施工进度

4.1.1 已获价值理论EVM的基本参数及指标

已获价值是工程项目完成程度的一种客观测度，是综合考虑已完工程量、已用施工时间、已发生成本来度量项目实际进度的方法，其特点是统一以货币作为工程进度度量指标的单位。

众所周知，为完成一定工程任务，既要花费时间又要消耗材料。如果能够以更短时间（与计划相比）和更少材料浪费来完成该工程任务，那么，工作就是高效率的；反之，所费时间更长，材料更多，则工作就是低效率的。通过计算已获价值，将计划完成情况与实际相比，就能获得关于项目进度的主观评价。通过推断下面的曲线及进一步的计算，能够估计出项目竣工造价及大概完工日期。为简化工作程序，将统计重点集中在显著性成本项目（CSIs）上，以使优化控制工作有的放矢、重点突出。

已获价值理论是通过三个基本参数、三个偏差指标、两个绩效指标进行

监控的。

（1）三个基本参数

图 4-1 中三条曲线含义如下。

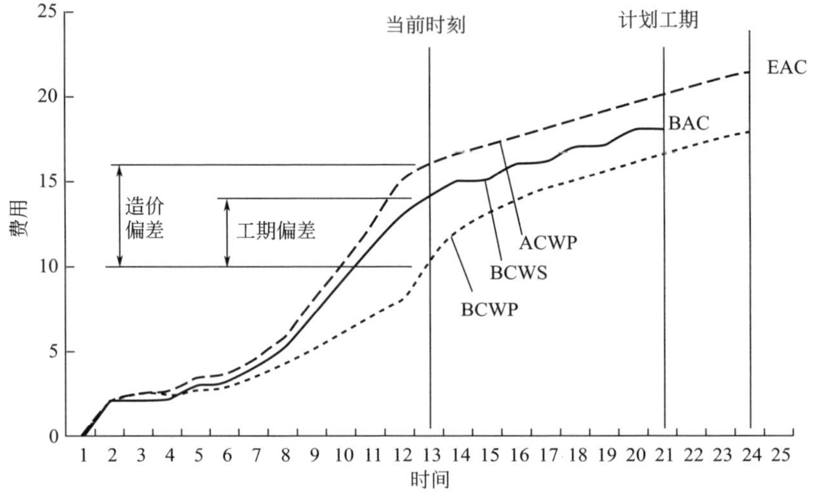

图 4-1 三条曲线含义

① Budgeted Cost for Work Scheduled（BCWS）——计划完成 CSIs 工程量预算造价。

② Actual Cost of Work Performed（ACWP）——已完 CSIs 工程量实际造价。

③ Budgeted Cost of Work Performed（BCWP）——已完 CSIs 工程量预算造价，即已获价值。

BCWS 曲线由分项工程细目分类结构（Work Breakdown Structure）、项目预算和设计任务书（Project Master Schedule）得出。基于设计任务书中计划竣工日期，计算出每个分项工程造价及已完分项工程（Cumulative Cost of Completed Works Packages）累计造价。

ACWP 曲线是对已完工程的真实量度，基本数据在票据、人工出勤表等中都有记录。整理这些材料进而获得 ACWP 似乎非常烦琐，需要从一开始就充分准备、很好组织。但是运用 CSIs 方法后可大大减轻工作量和程序，仅统计 CSIs 的实际工程量和实际造价即可。整个 EVM 监控重点在 CSIs 上，以约 20％的工作量，完成项目约 80％的投资监控任务。

通过计量已完工程量，对照 BCWS，计算出已完工程预算成本，就是

BCWP，即已获价值。

$$\text{BCWP}=\text{项目完成百分比}\times\text{项目总预算}$$

（2）三个偏差指标

进度和造价偏差都能通过图 4-1 中 BCWS、ACWP、BCWP 表示出来。

进度偏差（Schedule Variance，SV）是已获价值和计划完成工程量预算造价间的偏差。

$$SV_i=BCWP_i-BCWS_i$$

造价偏差（Cost Variance，CV）是已获价值和已完工程量实际造价间的偏差。

$$CV_i=BCWP_i-ACWP_i$$

预算偏差（Budget Variance，BV）是计划完成工程量预算造价与已完工程量实际造价间的偏差。

$$BV_i=BCWS_i-ACWP_i$$

（3）两个绩效指标

已获价值分析的绩效指数：进度绩效指数和造价绩效指数是衡量项目能否顺利进行的指标。它能告诉我们：项目工期是否在拖延？项目预算是否在超出？

进度绩效指数（Schedule Performance Index，SPI）是已获价值与计划完成工程量预算造价的比率。如果 SPI<1，说明工期在延误。

$$SPI=\frac{BCWP_i}{BCWS_i}$$

造价绩效指数（Cost Performance Index，CPI）是已获价值与已完工程量实际造价的比率。如果 CPI<1，说明项目超出预算。

$$CPI=\frac{BCWP_i}{ACWP_i}$$

（4）决算造价估计

决算造价估计（Estimate At Completion，EAC）给出了一种估计项目最终造价的方法。该方法由项目最初预算造价（BudgetAt Completion，BAC）、已获价值（ACWP）和已完工程量造价绩效指数计算得出。

$$EAC=ACWP+\frac{BAC-BCWP}{CPI}$$

4.1.2　原因分析及改进措施

（1）原因分析

实际执行过程中，最理想的状态是 ACWP、BCWS、BCWP 三条曲线靠得很近、平稳上升，表示项目按预定计划目标前进。如果三条曲线离散度不断加大，则可能发生重大问题。

经过对比分析，发现某一方面已经出现费用超支，或预计最终将会出现费用超支，则应将它提出，进一步分析原因。分析原因是费用责任分析或提出费用控制措施的基础，运用 CSIs 方法分析原因，可以将问题一开始就集中在重点成本项目上，有利于主要原因的分析和查找。费用超支的原因是多方面的，如下所示。

① 宏观原因。总工期拖延，物价上涨，工作量大幅度增加。

② 微观原因。分项工作效率低，协调不好，局部返工。

③ 内部原因。管理失误，不协调，采购了劣质材料，工人培训不充分，事故等。

④ 外部原因。设计的修改，阴雨天气等。

⑤ 其他还有技术的、经济的、管理的、合同的和非 CSIs 项目等多方面原因。

（2）改进措施

通常压缩已经超支的费用而不损害其他目标十分困难，所以需要及早进行纠偏，实施已获价值管理的意义就在于随时监控项目进展状况，才有可能在偏差不太严重的情况下采取纠偏措施。最好的纠偏方法是给出的新措施，比已选定的措施更为有利，或使工程范围减少，或生产效率提高，成本降低等。

已获价值在项目施工中的应用，可以帮助项目管理者实时监控项目进展，观测费用、工期是否出现偏差，如果出现分析原因，可给出控制措施，有效防止在施工过程中出现投资失控。

显然，要想随时获得项目已获价值信息是需要成本的，它需要从基层向上依次建立一套信息收集、整理系统，这显然会带来成本的增加，因此就有一个成本与收益权衡的问题。经验表明，只有当工程造价在 3000 万元以上的较大工程，建立已获价值管理系统，随时获取工程进展状况的信息才是合算的。

以上 EVM 分析所提出的改进措施只是在已经发生的情况和已完工程基础上进行的，严格地说，应只是对过去已产生的问题有效，而对下一阶段拟完工程应无针对性，因为实际 CSIs 项目施工根据技术要求是分阶段进行的，前一阶段完成的 CSIs 可能已全部或大部分完成，而后续 CSIs 项目则与前续

CSIs项目在结构、材料构成、施工方法上可能大相径庭，即施工过程中CSIs项目是不同质的，因此前续CSIs项目所推断出的原因和对策可能与后续CSIs项目具有完全的差异性。应根据前续CSIs项目的ACWP、BCWP和后续CSIs项目的特性和成本构成，预测其ACWP、BCWP可能值，并进行EVM分析，制定相应有针对性预控措施是解决问题的关键。

4.1.3　根据已完工程的ACWP、BCWP，利用GM(1,1)预测后续CSIs的ACWP、BCWP

4.1.3.1　灰色理论与GM(1,1)模型

灰色理论是有关灰色系统建立模型、控制模型、预测、决策、优化等问题的理论。该理论认为系统的行为现象尽管是朦胧的，数据是复杂的，但毕竟有序，是有整体功能的。灰色预测方法是灰色系统理论的重要组成部分，是一种对含有不确定因素的系统进行预测的方法。通过鉴别系统因素之间发展趋势的相异程度，进行相关联分析，通过对原始数据进行生成处理来寻找系统的变化规律，生成较强规律的数据序列，然后建立相应的微分方程模型。

根据灰色系统理论，对于信息不完全确定的半封闭系统称为灰色系统。在项目实施过程中，每一阶段项目投资都具有动态特征和不确定性，符合灰色系统的特点，可视为一个独立的灰色系统。本书拟用GM(1,1)模型对项目实施过程已完工程CSIs的ACWP、BCWP进行预测。

GM(1,1)模型的优点是所需的数据少，根据短期数据预测临近短期值准确性较高，而长期值准确性较差，这恰好与施工过程中CSIs的不同质特点相吻合，因此在应用GM(1,1)模型时应区分两种不同情况进行区别对待：①当前续CSIs和后续CSIs为同质时（即为类似工程时），则可直接运用GM(1,1)模型预测下一阶段的ACWP、BCWP；②当前续CSIs和后续CSIs为不同质时，则应选取相应类似CSIs数据，运用GM(1,1)模型预测下一阶段的ACWP、BCWP，而无类似CSIs数据部分则可根据专家经验估测。

灰色预测具有所需数据少，对邻近时期的预测精度较高，而对长期预测精度差，只能进行趋势预测的特点。将施工过程中各个时点的ACWP、BCWP看作一个灰系统，其各阶段增长具有内在联系，该法试图寻找ACWP、

BCWP 各阶段数值的变化规律，在过去各时点数据已知的条件下，采用 GM(1,1) 预测下一阶段 ACWP、BCWP 的值，根据预测结果采取预控措施，是采用事前控制方法进行投资控制的一种方法。

下面是 GM(1,1) 模型建立过程。

设变量 $X^{(0)}(k)$ 的原始数据系列为原始序列。设原始序列为 $X^{(0)}=\{X^{(0)}(1),X^{(0)}(2),\cdots,X^{(0)}(n)\}$，对 $X^{(0)}$ 进行一次累加生成 $X^{(1)}$，$X^{(1)}=\{X^{(1)}(1),X^{(1)}(2),\cdots,X^{(1)}(n)\}$，其中，$X^{(1)}(i)=\sum_{k=1}^{i}X^{(0)}(k)$；$(i=1,2,\cdots,n)$，对 $X^{(1)}$ 运算生成 $Z^{(1)}=\{Z^{(1)}(2),Z^{(1)}(3),\cdots,Z^{(1)}(n)\}$，其中 $Z^1(k)=0.5\{X^1(k)+X^1(k-1)\},(k=2,3,\cdots,n)$，称 $X^0(k)+\alpha Z^1(k)=u$（a,u 为待定参数）为 GM(1,1) 模型。

4.1.3.2 白化方程的建立

GM(1,1) 模型的白化方程为

$$\frac{\mathrm{d}x^{(1)}}{\mathrm{d}t}+ax^{(1)}=u$$

式中 a——发展系数；

u——内控制灰数。

设待估参数向量 $\hat{a}=\begin{pmatrix}a\\u\end{pmatrix}$，运用最小二乘法得

$$\hat{a}=\begin{pmatrix}a\\u\end{pmatrix}=(B^{\mathrm{T}}B)^{-1}B^{\mathrm{T}}Y \tag{4-1}$$

$$Y_n=\begin{bmatrix}X^0(2)\\X^0(3)\\\vdots\\X^0(n)\end{bmatrix} \tag{4-2}$$

$$B=\begin{bmatrix}-0.5[X^1(1)+X^{(1)}(2)] & 1\\-0.5[X^1(2)+X^{(1)}(3)] & 1\\\vdots & \vdots\\-0.5[X^1(k-1)+X^{(1)}(k)] & 1\end{bmatrix}=\begin{bmatrix}-Z^1(2) & 1\\-Z^1(3) & 1\\\vdots & \vdots\\-Z^1(n) & 1\end{bmatrix} \tag{4-3}$$

求解可得 GM(1,1) 模型的响应函数预测式为

$$\widehat{X}^{(1)}(k+1)=\left[X^{0}(1)-\frac{u}{a}\right]e^{-ak}+\frac{u}{a}\quad(k=1,2,\cdots,n)\tag{4-4}$$

累减还原可得到原始序列 X^0 的灰色预测式为

$$\widehat{X}^{(0)}(k+1)=\widehat{X}^{(1)}(k+1)-\widehat{X}^{(1)}(k)\quad(k=1,2,\cdots,n)\tag{4-5}$$

4.1.3.3 预测模型的检验

灰色预测模型检验包括残差检验、关联度检验和后验差检验。

(1) 残差检验

首先，按模型计算 $\widehat{X}(k+1)$；其次将 $\widehat{X}(k+1)$ 累减生成 $\widehat{X}^{(0)}(k)$；最后计算原始序列，即 $X^{(0)}(k)$ 与 $\widehat{X}^{(0)}(k)$，其绝对残差为

$$\Delta^{(0)}(k)=X^{0}(k)-\widehat{X}^{(0)}(k)\quad(k=1,2,\cdots,n)\tag{4-6}$$

相对误差为

$$\phi=\frac{\Delta^{0}(k)}{X^{0}(k)}\quad(k=1,2,\cdots,n)\tag{4-7}$$

(2) 关联度检验

按照关联度计算方法计算 $\widehat{X}^{(0)}(k)$ 与原始序列 $X^{(0)}(k)$ 的关联度系数。

(3) 后验差检验

① 计算原始序列的平均值为

$$\overline{X}^{0}=\frac{1}{n}\sum_{k=1}^{n}X^{0}(k)\tag{4-8}$$

② 计算原始数列的均方差 S_1。

③ 计算残差 $\Delta^{(0)}(k)$ 的均值。

$$\Delta^{(0)}(k)=\frac{1}{n}\sum\Delta^{(0)}(k)\tag{4-9}$$

④ 计算残差的均方差 S_2。

⑤ 计算方差比 $C=\frac{S_1}{S_2}$。

⑥ 计算小误差概率 $p=\{|\Delta^{0}(k)-\overline{\Delta^{0}(k)}|<0.6745S_1\}$，令 $e_i=|\Delta^{0}(k)-\overline{\Delta^{0}(k)}|$，$S_0=0.6745S_1$，即 $p=\{e_i<S_0\}$。根据残差检验标准可得表 4-1。

表 4-1 预测精度等级

精度等级	指标 P	指标 C	相对误差/%
好	>0.95	<0.35	1
合格	>0.8	<0.5	5
勉强	>0.7	<0.45	10
不合格	≤0.7	≥0.65	20

若相关误差、关联度和后验差检验值都在检验标准范围内，则模型可以进行预测；若不在检验标准范围内，应进行残差修正。

4.1.4 案例

以下是某体育场施工数据，表 4-2 中“当月造价”是该月完成工程 CSIs 的实际成本，“累计造价”是截至该月底已完工程 CSIs 的实际成本即 ACWP；表 4-3 中“当月造价”是该月完成工程 CSIs 的预算成本，“累计造价”是截至该月底已完工程 CSIs 的预算造价即 BCWP。表 4-2 和表 4-3 中，“当月造价”中 1～8 月份数据是构建 GM(1,1) 模型的数据输入，根据这 8 个数据计算模型参数；“当月造价”中 9、10 月份数据作为检验数据。预测结果分别见表 4-2 和表 4-3。

表 4-2 和表 4-3 中，对“当月造价”和“累计造价”预测值进行残差检验，结果列于“误差”行。根据残差检验中，计算原始序列与预测序列的绝对误差及相对误差。可以看到，“累计造价”预测精度明显高于“月度造价”，这使我们对 ACWP 和 BCWP 的预测具有很高的精确度。ACWP 的 9 月份和 10 月份的预测误差分别为 2.36%及 5.90%；BCWP 的 9 月份和 10 月份的预测误差分别为 5.09%及 1.89%。

表 4-2 某体育场 2003 年 1～10 月份实际造价 ACWP

项目	月份									
	1	2	3	4	5	6	7	8	9	10
当月造价/万元	234	563	826	1121	790	862	971	1196	1395	1482
预测值/万元	234	715.5	769.2	829.2	894	965.7	1039	1120	1207.5	1301.7
误差/%	0	−26.73	6.88	26.03	−15.16	−11.80	−7.00	6.35	15.44	12.17
累计造价/万元	234	797	1623	2744	3534	4396	5367	6563	7958	9440
预测值/万元	234	947.5	1716.7	2546	3439.9	4405.7	5442.6	6562.7	7770.1	9071.8
误差/%	0	−18.88	−5.77	7.22	2.66	−0.18	−1.41	0	2.36	5.90

表 4-3　某体育场 2003 年 1～10 月份预算造价 BCWP

项目	月份									
	1	2	3	4	5	6	7	8	9	10
当月造价/万元	210	470	750	950	760	850	860	1012	1300	1090
预测值/万元	210	640.9	689.9	742.7	799.5	860.6	926.4	997.2	1075.4	1155.5
误差/%	0	−36.36	8.01	21.82	−5.20	−1.25	−7.72	1.46	17.43	−6.01
累计造价/万元	210	680	1430	2380	3140	3990	4850	5862	7162	8252
预测值/万元	210	850.9	1540.8	2285.5	3083	3945.5	4869.9	5867.1	6940.6	8096.1
误差/%	0	−25.13	−7.75	4.05	1.82	1.17	−0.41	−0.09	5.09	1.89

下面对预测结果进行后验差检验，根据原始数列均值及均方差的计算，采用相同的符号，计算结果如下。

对于表 4-2，计算出 $S_1=377.42$，$S_2=147.83$，$C=0.39$，$p=0.9$。

对于表 4-3，计算出 $S_1=309.55$，$S_2=122.61$，$C=0.40$，$p=0.9$。

根据表 4-1，可以判断 ACWP 和 BCWP 的预测是合格的。

某体育场的案例实证表明，该方法对于预测临近时期的 ACWP 和 BCWP 具有较高精确度。

4.2　利用庞德里亚金极值原理优化政府项目的投资

4.2.1　庞德里亚金极值原理

4.2.1.1　最优控制问题的特殊性质

最优控制所要解决的问题是：按照控制对象的动态特性选择一个允许控制，使得被控制对象按照技术要求运转，同时使某一性能指标达到最优值。从数学方面看，就是求解一类带有约束条件的泛函数极值问题。

最优控制理论是研究和解决从一切可能的控制方案中寻找最优解的一门科学。最优控制理论的一个值得注意的特性是，为了使一条控制路径是允许的，不必要求它是连续的，仅需要它是分片连续的。这就意味着它允许包含跳跃间断，正如图 4-2 所示的那样，不过不允许包含 u 的无限值的任何间断。

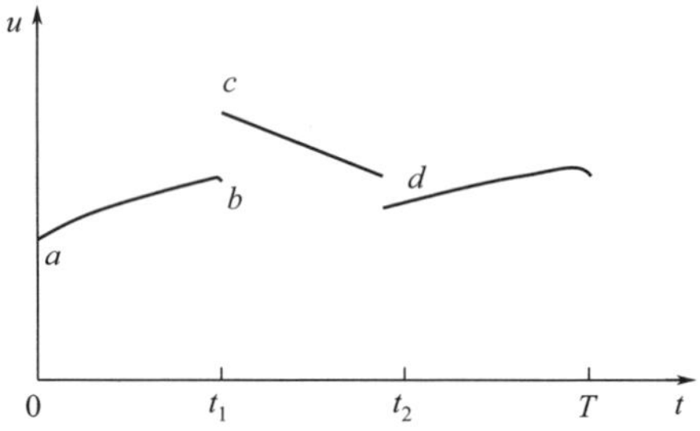

图 4-2 控制路径

另外，状态路径 y 在整个时期 $[0,T]$ 中必须是连续的。但正如图 4-3 所示，它允许具有有限个尖点或角。即为了是允许的，一个状态路径只需要是分片可微的。在状态路径上的每一个尖点都出现在控制路径经历一次跳跃的时刻。这种时间上巧合的原因在于求解问题的过程，一旦已经求得时期 $(0,t_1)$ 上的最优控制路径片段，比如图 4-2 中的曲线 ab，就可以试图决定最优状态路径的相应片段。这可能是图 4-3 中的曲线 AB，它的初始点满足给定初始条件。对于下一个时期 $[t_1,t_2)$，控制路径 cd 再次决定最优状态路径的片段的“初始点”。所以点 B 同时充当最优状态路径的第一个片段的终结点和第二个片段的初始点。鉴于此原因，在点 B 不可能出现间断，尽管可能出现一个尖点。像允许控制路径一样，允许状态路径也必须在时期 $[0,T]$ 上每个 t 点具有一个有限 y 值。

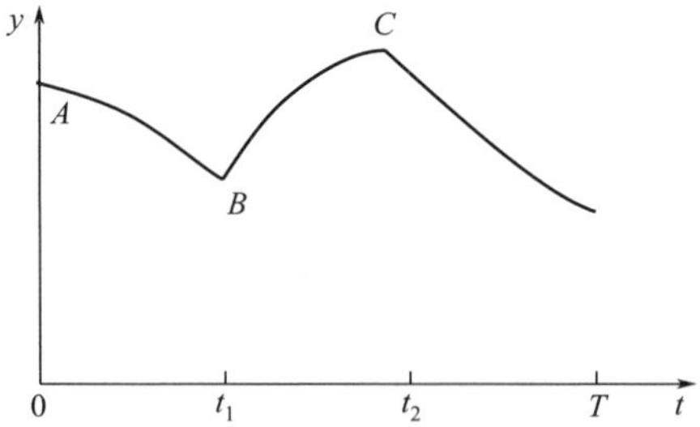

图 4-3 状态路径

最优控制理论的另一个重要特征是，该理论可以直接处理关于控制变量 u 的约束，诸如限制 $u(t)\in\mu$ 对于所有 $t\in[0,T]$，其中 μ 代表某个有界控制集合。这个集合可以是一个闭凸集合，诸如 $u(t)\in[0,1]$。μ 可以是一个闭集的事实意味着拐角解（边界解）可以是允许的，这把一个非常重要的非古典特征注入了这种新框架。

20 世纪 50 年代，俄罗斯数学家庞德里雅金创立的极值优化原理是最优控制理论发展的一个里程碑，为解决最优控制问题提供了一种通用方法。本书在一定假设条件下，将项目建造过程模型化，在连续时间、离散时间情况下建立系统的最优控制模型，进而对项目投资进行控制、优化。

4.2.1.2 庞德里亚金极值优化原理

庞德里亚金极值优化原理是解决最优控制问题的一种最普遍的有效方法。由于它放宽了求解问题的前提条件，使得许多古典变分法和动态规划无法解决的工程技术问题得到了解决。同时庞德里亚金在他的著作中已经把最优控制理论初步形成了一个完整的体系，比较适用于连续时间系统的最优控制。

为了便于讨论，假设仅有一个状态变量 x 和一个控制变量 u。x 和 u 都是时间的函数 t，在时间点 t_0 上状态变量 $x(t_0)=x^0$，在终点 T，则为 $x(T)=x^T$。如果假设 $t_0=0$，一般来说也无碍。时间间隔因此为从 0 到 T（在这里也许是无限的，也许是有限的）。假设为分段连续的，且轨迹 $\{u(t)\}$ 是可微的，目标是找到控制变量 u^*，使系统以 $J=\int_0^T V(x,u)\mathrm{d}t$ 方式由 x^0 移到 x^T。在这里 $v(x,u)$ 为某一目标函数，并被假定为独立的，因此独立于 t。无论如何，函数都能转化为一个微分方程式

$$\dot{x}=f(x,u) \tag{4-10}$$

该式也被假定为独立的，因此最大化原则问题是控制问题。

$$\begin{cases}\max\{u(t)\}=\int_0^T V(x,u)\mathrm{d}t \\ \text{s. t. } \dot{x}=f(x,u) \\ x(0)=x^0 \\ x(T)=x^T\end{cases} \tag{4-11}$$

这种情况在图 4-2 中得以说明，路径 u^* 和 u^{**} 都是微分方程 $\dot{x}=f(x,u)$ 的解。于是这个问题就成了选择一条使关系 J 最大化并满足终止条件 $x(t^*)=x^T$ 和 $x(t^{**})=x^T$ 的路径。

为了比较可供选择的控制方式的不同轨迹，需要一些判别标准来完成它。通过定义一个汉密尔顿函数并导出汉密尔顿方程组可以提供判别标准。

利用拉格朗日乘数，令 $\lambda(t)$ 表示限制条件 $\dot{x}=f(x,u)$ 的拉格朗日乘

数，这被当作共态变量或伴随变量，则

$$L = J + \int_0^T \lambda[f(x,u) - \dot{x}]\mathrm{d}t \tag{4-12}$$

或

$$L = \int_0^T [V(x,u) + \lambda f(x,u) - \lambda\dot{x}]\,\mathrm{d}t \tag{4-13}$$

则汉密尔顿函数被定义为

$$H(x,u) \equiv V(x,u) + \lambda f(x,u) \tag{4-14}$$

因此

$$L = \int_0^T [H(x,u) - \lambda\dot{x}]\mathrm{d}t \tag{4-15}$$

通过式（4-15），式（4-13）能被进一步转化为

$$-\int_0^T \lambda\,\mathrm{d}t = \int_0^T x\lambda\,\mathrm{d}t - [\lambda(T)x(T) - \lambda(0)x(0)] \tag{4-16}$$

该式允许将 L 表示为

$$L = \int_0^T [H(x,u) + \dot{\lambda}x]\mathrm{d}t - [\lambda(T)x(T) - \lambda(0)x(0)] \tag{4-17}$$

当考虑控制变量变化时状态变量的变化情况，即当 $\{u(t)\}$ 变为 $\{u(t)+\Delta u(t)\}$ 时，状态轨迹由 $\{x(t)\}$ 变为 $\{x(t)+\Delta x(t)\}$。那么，拉格朗日方程的变化 ΔL 为

$$\Delta L = \int_0^T \left[\frac{\partial H}{\partial u}\mathrm{d}u + \left(\frac{\partial H}{\partial u} + \dot{\lambda}\right)\mathrm{d}x\right]\mathrm{d}t - \lambda(T)\mathrm{d}x^T \tag{4-18}$$

对于最大值 $\Delta L = 0$，这暗含着下面的必要条件。

① $\dfrac{\partial H}{\partial u} = 0$ （$0 \leqslant t \leqslant T$）。

② $\dot{\lambda} = -\dfrac{\partial H}{\partial x}$ （$0 \leqslant t \leqslant T$）。

③ $\lambda(T) = 0$[或如果 $x(T)$ 已知，则 $x(T) = x^T$]。

条件①描述了汉密尔顿函数通过对沿着最优轨迹的每一点上的控制变量实现了最大化。在最优轨迹上假定了一个内部解，并假定对控制变量无限制。

条件②考虑了共态变量 λ 的变化率。它描述了共态变量的变化率等于汉密尔顿函数关于相应状态变量的负值。

条件③指出了终止状态的共态变量，并指出它为 0；否则如果给出终止值 $x(T) = x^T$，则 $\mathrm{d}x^T = 0$。

由汉密尔顿函数的限制条件，状态变量的微分方程可以表示为 $\dot{x} = \partial H / \partial \lambda$。

因此得到了下面的过程。给题中加一个共态变量 λ，并且定义一个汉密尔顿函数 $H(x,u)=V(x,u)+\lambda f(x,u)$，并解出满足如下条件的轨迹 $\{u(t)\}$、$\{\lambda(t)\}$ 和 $\{x(t)\}$，条件为

$$\begin{cases}\dfrac{\partial H}{\partial u}=0 \quad (0\leqslant t\leqslant T)\\ \dot{\lambda}=\dfrac{-\partial H}{\partial x} \quad (0\leqslant t\leqslant T)\\ \dot{x}=f(x,u)\\ \lambda(T)=0\\ x(0)=x^0\end{cases} \tag{4-19}$$

这些结果可以被一般化为状态变量 $x_1(t),\cdots,x_n(t)$，共态变量 $\lambda_1(t),\cdots,\lambda_n(t)$，以及控制变量 $u_1(t),\cdots,u_n(t)$。

$$\begin{cases}\dfrac{\partial H}{\partial u_i}=0 \quad (i=1,\cdots,m \quad 0\leqslant t\leqslant T)\\ \dot{\lambda}=\dfrac{-\partial H}{\partial x_i} \quad (i=1,\cdots,n \quad 0\leqslant t\leqslant T)\\ \dot{x}_i=\dfrac{\partial H}{\partial \lambda_i}=f(x,u) \quad (i=1,\cdots,n)\\ \lambda_i(T)=0 \quad (i=1,\cdots,n)\\ x_i(0)=x_i^0 \quad (i=1,\cdots,n)\end{cases} \tag{4-20}$$

关于庞德里亚金极值优化原理的几点说明如下。

① 目标值取最大值同时也意味着可以取最小值，只需加一个负号。因此，极值优化原理有时也叫极小值原理。

② 在控制输入无约束时，极值的必要条件为$\partial H/\partial u_j=0$，$j=1,\cdots,m$。在高等数学中，汉密尔顿函数对 u_j 求偏导数并等于零，意味着应取 u_j 使 H 最大或最小。当 u_j 有约束时，它仍应该使 H 取最大或最小。这便是庞德里亚金的最重要贡献。

4.2.1.3 庞德里亚金极值优化原理的理论基础

为了更好地解释庞德里亚雅金极值优化原理，现在来解释极值优化原理所基于的推理过程。现在给出问题的一个变分法观点，以便使极值优化原理

看上去更合理、更容易理解。通过把极值优化原理条件与欧拉方程和变分法的其他条件进行比较，这一点将进一步得到加强。

为了使问题简单，在此假设控制变量是无约束的，故 u^* 是一个内部解。此外，假设汉密尔顿函数关于 u 可微，并且条件可以用来代替条件“$H_{\max}$”，取初始点为固定的，但是终结点可以变动，于是问题是

$$\begin{cases} J=\int_0^T F(t,y,u)\mathrm{d}t \\ \dot{y}=f(t,y,u) \\ y(0)=y^0 \end{cases} \tag{4-21}$$

把运动方程结合到目标泛函中去，然后把此目标泛函用汉密尔顿函数重新表示。如果变量 y 总是服从运动方程，那么数量 $[f(t,y,u)-\dot{y}]$ 对于区间 $[0,T]$ 中所有 τ 将肯定取值为零。这样，使用拉格朗日乘子的概念，可以构造一个表达式 $\lambda(t)[f(t,y,u)-\dot{y}]$，对于每个 t 值，它仍取零值。尽管在区间 $[0,T]$ 中有无数个 t 值，但是在时期 $[0,T]$ 中关于式（4-21）相加 $\lambda(t)[f(t,y,u)-\dot{y}]$ 将仍然产生一个零值。

$$\int_0^T \lambda(t)[f(t,y,u)-\dot{y}]\mathrm{d}t=0 \tag{4-22}$$

由此可以把旧的目标泛函用式（4-21）中的积分扩大而不影响解，即可以采用新的目标泛函。

$$\varpi=J+\int_0^T \lambda(t)[f(t,y,u)-\dot{y}]\mathrm{d}t=\int_0^T \{F(t,y,u)+\lambda(t)[f(t,y,u)-\dot{y}]\}\,\mathrm{d}t \tag{4-23}$$

只要式（4-21）中的运动方程在所有的时刻都成立，那么 ϖ 将与 J 具有相同的值。在前面我们已经将汉密尔顿函数定义为

$$H(t,y,u,\lambda)\equiv F(t,y,u)+\lambda(t)f(t,y,u)$$

把 t 函数代入式（4-23），可以把这个新泛函简化为

$$\varpi=\int_0^T H(t,y,u,\lambda)\mathrm{d}t-\int_0^T \lambda(t)\dot{y}\mathrm{d}t \tag{4-24}$$

清楚地区分汉密尔顿函数中的第二项 $\lambda(t)f(t,y,u)$ 和拉格朗日乘子表达式 $\lambda(t)[f(t,y,u)-\dot{y}]$ 是很重要的。后者明显包含 $\dot{y}$，而前者没有。当把式（4-24）中的最后一项积分进行分部积分时，有

$$-\int_0^T \lambda(t)\dot{y}\mathrm{d}t=-\lambda(T)y_T+\lambda(0)y_0+\int_0^T \lambda(t)\dot{\lambda}\mathrm{d}t$$

所以，通过把此结果代入，新的目标函数可以进一步被重写为

$$\varpi=\int_{0}^{T}[H(t,y,u,\lambda)+y(t)\dot{\lambda}]\mathrm{d}t-\lambda(T)y_{T}+\lambda(0)y_{0} \tag{4-25}$$

ϖ 表达式中包含三个相加的项。而且，尽管第一项跨越整个计划时期 $[0,T]$，但第二项只与终结时间 T 相关，第三项只与初始时间相关。

ϖ 的值依赖于为三个变量 y、u 和 λ 选定的时间路径以及为 T 和 y_T 选定的值。作为一个拉格朗日乘子，λ 值从根本上区别于 u 和 y，因为只要运动方程 $\dot{y}=f(t,y,u)$ 严格成立，即只要有

$$\dot{y}=\frac{\partial H}{\partial\lambda}\quad t\in[0,T] \tag{4-26}$$

$\lambda(t)$ 路径的选择对 ϖ 的值就不会产生任何影响，把式（4-25）当作最大化 ϖ 的一个必要条件，这就是极值优化原理的三个条件之一。

如果已有一条 $\overset{*}{u}(t)$ 路径，并且用一个扰动路径 $p(t)$ 来干扰 $\overset{*}{u}(t)$ 路径，就可以产生“临近”控制路径。

$$u(t)=u^{*}(t)+\varepsilon p(t) \tag{4-27}$$

对于每一个 ε 都有一条路径。但是，根据运动方程 $\dot{y}=f(t,y,u)$，对于每一个 ε 将在 $\dot{y}(t)$ 路径中出现一个相应的扰动。临近 y 路径可以被写为

$$y(t)=y^{*}(t)+\varepsilon q(t) \tag{4-28}$$

进一步，如果 T 和 y_T 都是可变的，有

$$T=T^{*}+\varepsilon\Delta T\quad y_{T}=y_{T}{}^{*}+\varepsilon\Delta y_{T} \tag{4-29}$$

根据式（4-26）和式（4-27）中的 u 及 y 表达式，把 ϖ 用 ε 来表示，应用一阶条件 $\frac{\mathrm{d}\varpi}{\mathrm{d}\varepsilon}=0$。$\varpi$ 的新形式为

$$\varpi=\int_{0}^{T(\varepsilon)}\{H[t,y^{*}+\varepsilon q(t),u^{*}+\varepsilon p(t),\lambda]+\dot{\lambda}[y^{*}+\varepsilon q(t)]\}\,\mathrm{d}t-\lambda(T)y_{T}+\lambda(0)y_{0} \tag{4-30}$$

应用条件 $\frac{\mathrm{d}\varpi}{\mathrm{d}\varepsilon}=0$，在求导过程中，根据公式

$$\frac{\mathrm{d}K}{\mathrm{d}x}=\int_{a}^{b(x)}F_{x}(t,x)\mathrm{d}t+F[b(x),x]b'(x)$$

其积分项产生导数为

$$\int_{0}^{T(\varepsilon)}\left\{\left[\frac{\partial H}{\partial y}q(t)+\frac{\partial H}{\partial u}p(t)\right]+\dot{\lambda}q(t)\right\}\mathrm{d}t+[H+\dot{\lambda}y]_{t=T}\frac{\mathrm{d}T}{\mathrm{d}\varepsilon} \tag{4-31}$$

根据乘积法则，式（4-30）中第二项关于 ε 的导数根据 $T=T^*+\varepsilon\Delta T$、$y_T=y_T{}^*+\varepsilon\Delta y_T$ 为

$$Z=-\lambda(T)\Delta y_T-y_T\dot{\lambda}(T)\Delta T \tag{4-32}$$

另外，式（4-30）中 $\lambda(0)y_0$ 项在求导中脱离。这样 $d\varpi/d\varepsilon$ 是式（4-31）和式（4-32）的和。而且式（4-31）的一部分根据式（4-29）可以重写为

$$[\dot{\lambda}y]_{t=T}\frac{dT}{d\varepsilon}=\dot{\lambda}(T)y_T\Delta T \tag{4-33}$$

当把式（4-30）与式（4-31）的和设为零时，一阶条件（经过整理）变为

$$\frac{d\varpi}{d\varepsilon}=\int_0^T\left[\left(\frac{\partial H}{\partial y}+\dot{\lambda}\right)q(t)+\frac{\partial H}{\partial u}p(t)\right]dt+[H]_{t=T}\Delta T-\lambda(T)\Delta y_T=0 \tag{4-34}$$

这个导数的三部分与不同的任意项相联系，积分涉及任意扰动曲线 $p(t)$ 和 $q(t)$，而其他两个分别涉及任意 ΔT 和 Δy_T。为了满足式（4-34），这三项分别等于零。通过使积分项等于零，可以导出两个条件。

$$\dot{\lambda}=\frac{\partial H}{\partial y}\quad \frac{\partial H}{\partial u}=0$$

第一个条件给出了共态变量 λ 的运动方程（或简称共态方程）。第二个条件代表“$H_{\max}$”条件的弱形式——它基于假设 H 关于 u 可微而且有内部解，在此意义上它是弱条件。由于此最简单问题具有固定 T 和自由 y_T，所以式（4-34）中 ΔT 项自动为零，但 Δy_T 不是。为了使 $-\lambda(T)\Delta y_T$ 表达式为零，必须施加限制 $\lambda(T)=0$。这解释了式（4-35）中的横截条件。

$$\begin{cases}H_{\max}(t,y,u,\lambda) & t\in[0,T]\\ \dot{y}=\dfrac{\partial H}{\partial\lambda}\\ \dot{\lambda}=\dfrac{-\partial H}{\partial y}\\ \lambda(T)=0\end{cases} \tag{4-35}$$

为了使极值优化原理起作用，$\lambda(t)$ 路径不能任意选定，必须遵循一个给定的运动方程，如果问题具有一个自由终结状态，那么它必须具有一个零终结值。

4.2.2 庞德里亚金极值优化原理在政府投资建设项目投资控制中的应用

4.2.2.1 基本假设条件

在政府投资建设项目中，项目拨款的资金流速对项目进度有重大影响，由于业主一般有能力控制资金流速，因此可以把它作为重要的投资控制变量，通过对资金流的控制来实现对项目总投资的最优控制。投资最优控制模型建立在以下假设条件之上。

① 假设业主有能力控制项目资金流，并通过资金流速的改变影响工程项目每个阶段的参与企业（包括投资咨询企业、工程勘察设计院、工程建设施工企业、监理单位）提供服务的速度。具体表现为：工程项目各个阶段的参与企业都随业主提供资金流的大小相应调整所投入的人、财、物的数量，进而业主获得调节项目进度的能力。

② 假设项目进展比较平稳，即根据以前工程项目建设所积累的经验，在该项目进行过程中没有难以预料的突发事件发生；对工程地质勘察非常详细、工程设计不存在较大设计变更；业主所能提供的资金流不存在中断或达不到原计划的情况；各参与企业总是处于正常营运状态；为了简化模型，假定项目总是能够按期完成。

③ 投资控制的优化目标是：实际使用资金流对计划使用资金流，以及工程实际进展速度对工程计划施工进度的偏离总体最小（工程进展速度以业主对工程参与企业单位时间应支付货币表示）。

4.2.2.2 数学模型

$$\begin{cases} J_{\min}=\int_0^T \dfrac{1}{2}\{\alpha[y(t)-y^*]^2+\beta[x(t)-x^*]^2\}\,dt \\ s.t\quad \dot{x}(t)=-ay(t)-\dfrac{bx(t)}{x^*}+cS(t) \\ x(0)=x_0 \end{cases} \tag{4-36}$$

式中 $x(t)$——t 时刻工程项目参与者对项目进度的要量（状态变量）；

$y(t)$——t 时刻业主所能提供的资金流速（控制变量）；

x^*——项目参与者能提供的生产能力；

y^*——按业主原计划确定提供资金的流速；

$S(t)$——t 时刻以货币形式表现的国民生产增长率（外部变量）；

α,β——加权系数（均为大于零的常数）；

a,b,c——非负常数，决策者可以根据实际需要对加权系数 α、β 的具体值进行调整。

4.2.2.3 模型的求解

式（4-36）是一个带有扰动项的线性二次型最优控制问题，用庞德里亚金最小值原理求解，作汉密尔顿函数，如下所示。

$$H=\frac{1}{2}\{\alpha[y(t)-y^*]^2+\beta[x(t)-x^*]^2\}+\lambda(t)\left[-ay(t)-b\frac{x(t)}{x^*}+cS(t)\right]$$

则有

$$\dot{\lambda}(t)=-\frac{\partial H}{\partial x}=-\beta[x(t)-x^*]+\frac{b}{x^*}\lambda(t) \quad (4\text{-}37)$$

$$\frac{\partial H}{\partial y}=\alpha[y(t)-y^*]-a\lambda(t)=0 \quad (4\text{-}38)$$

从式（4-38）得

$$y(t)=y^*+\frac{a}{\alpha}\lambda(t) \quad (4\text{-}39)$$

从式（4-37）得

$$\dot{\lambda}(t)=-\beta+\frac{b}{x^*}\lambda(t)+\beta x^* \quad (4\text{-}40)$$

将式（4-39）代入式（4-37）的状态方程有

$$\dot{x}(t)=-\frac{b}{x^*}x(t)-\frac{a^2}{\alpha}\lambda(t)+cS(t)-ay^* \quad (4\text{-}41)$$

在式（4-40）与式（4-41）构成的微分方程组中，可以得出

$$x(t)=-\frac{1}{\beta}\left[\dot{\lambda}(t)-\frac{b}{x^*}\lambda(t)-\beta x^*\right] \quad (4\text{-}42)$$

对式（4-42）两端关于 t 求导，然后将式（4-41）代入此式得到

$$\dot{\lambda}(t)-\left(\frac{b^2}{x^{*2}}+\frac{a^2\beta}{\alpha}\right)\lambda(t)=-\beta cS(t)+a\beta y^*+b\beta \quad (4\text{-}43)$$

设 $S(t)=(1+\theta)^t$，θ 为常数，将 $S(t)$ 代入式（4-42）求微分方程得

$$\lambda(t)=C_1e^{qt}+C_2e^{-qt}-\frac{a\beta y^*+b\beta}{q^2}+\frac{\beta C}{q^2-\ln^2(1+\theta)}(1+\theta)^t \quad (4\text{-}44)$$

式中，$q=\sqrt{\left(\frac{b}{x^*}\right)^2+a^2\frac{\beta}{\alpha}}$，并设 $q\neq\ln(1+\theta)$，C_1、C_2 由条件 $\lambda(T)=0$ 及 $\dot{\lambda}(T)=\beta(x^*-x_T)$ 确定如下。

$$C_1=\frac{\beta}{2q}\left[x^*-x_T+\frac{ay^*+b}{q}-\frac{c(1+\theta)^T}{q-\ln(1+\theta)}\right]\mathrm{e}^{-qT}$$

$$C_2=-\frac{\beta}{2q}\left[x^*-x_T-\frac{ay^*+b}{q}+\frac{c(1+\theta)^T}{q+\ln(1+\theta)}\right]\mathrm{e}^{-qT}$$

将 C_1、C_2 代入式（4-44）并化简得

$$\lambda(t)=\left[\frac{ay^*+b}{q}-\frac{cq(1+\theta)^T}{q^2-\ln^2(1+\theta)}\right]\frac{\beta}{q}\mathrm{ch}[q(T-t)]+\frac{\beta c}{q^2-\ln^2(1+\theta)}(1+\theta)^t+\left[x_t-x^*-\frac{c(1+\theta)^T\ln(1+\theta)}{q^2-\ln^2(1+\theta)}\right]\mathrm{sh}[q(T-t)]-\frac{a\beta y^*+b\beta}{q^2} \tag{4-45}$$

其中 ch、sh 分别是双曲余弦与双曲正弦函数，将式（4-45）代入式（4-40）得到式（4-36）的最优控制。

$$y(t)=y^*+\frac{a\beta}{\alpha q}\left[\frac{ay^*+b}{q}-\frac{cq(1+\theta)^T}{q^2-\ln^2(1+\theta)}\right]\mathrm{ch}[q(T-t)]+\frac{ac\beta}{\alpha[q^2-\ln(1+\theta)^2]}(1+\theta)^t+\frac{a\beta}{\alpha q}\left[x_t-x^*-\frac{c(1+\theta)^T\ln(1+\theta)}{q^2-\ln^2(1+\theta)}\mathrm{sh}[q(T-t)]-\frac{a^2\beta y^*+a\beta b}{\alpha q^2}\right.$$

4.2.2.4 案例应用

某政府投资基础建设项目在施工阶段具体情况如下，总投资额为 9000 万元人民币，计划工期 $T=18$ 个月，把计划工期 T 看作单位 1，t 取 0.06，0.12，0.18，…，1 的等差递增值；业主对项目进度的要求量为 $X(t)$，项目参与者（施工方）的施工能力 x^*，业主原计划提供的资金流 y^* 的具体数据如表 4-4 所示，项目参与者（施工方）的施工能力 x^* 一般都稍大于业主对项目进度的要求量 $X(t)$ 是为了应对返工、地质与设计不符或其他情况而采取的保障措施，加权系数 $\alpha=1$，$\beta=0.9$，θ 采用社会折现率，取 0.06，假设常数 $a=1.01$、$b=80$、$c=10$，根据最优控制模型可得各个不同月份的最优控制数值 $y(t)$，见表 4-4。

由表 4-4 计算可得

$$y(\text{总})=\sum_{t=1}^{18}y(t)=8921(\text{万元})$$

表 4-4 最优投资控制值

y^*/万元	α	β	a	b	c	x^*/万元	q	t	T	θ	x_t/万元	$y(t)$/万元
300	1	0.9	1.01	80	10	210	1.03	0.06	1	0.06	200	452
300	1	0.9	1.01	80	10	310	0.99	0.12	1	0.06	300	463
400	1	0.9	1.01	80	10	420	0.98	0.18	1	0.06	400	478
500	1	0.9	1.01	80	10	520	0.97	0.24	1	0.06	500	485
600	1	0.9	1.01	80	10	620	0.97	0.3	1	0.06	600	512
600	1	0.9	1.01	80	10	620	0.97	0.36	1	0.06	600	535
600	1	0.9	1.01	80	10	620	0.97	0.42	1	0.06	600	540
600	1	0.9	1.01	80	10	620	0.97	0.48	1	0.06	600	551
600	1	0.9	1.01	80	10	620	0.97	0.54	1	0.06	600	557
600	1	0.9	1.01	80	10	620	0.97	0.6	1	0.06	600	548
600	1	0.9	1.01	80	10	620	0.97	0.66	1	0.06	600	542
600	1	0.9	1.01	80	10	620	0.97	0.72	1	0.06	600	529
550	1	0.9	1.01	80	10	560	0.97	0.78	1	0.06	550	498
550	1	0.9	1.01	80	10	560	0.97	0.84	1	0.06	550	480
450	1	0.9	1.01	80	10	560	0.97	0.9	1	0.06	550	465
450	1	0.9	1.01	80	10	460	0.97	0.96	1	0.06	450	439
450	1	0.9	1.01	80	10	460	0.97	1	1	0.06	450	426
250	1	0.9	1.01	80	10	260	1.01	1	1	0.06	250	421

优化后（9000－8921)/9000＝0.9%，表明优化结果比原计划节省0.9%的投资，而且从表 4-4 中 $y(t)$ 各个月份的值来看，最大值 557 与最小值 421 的差值为 136，而原计划投资值最大值 600 与最小值 250 的差值为 350，表明优化后的方案不但投资总额节省，而且对业主的投资流控制也产生了收敛作用，稳定了投资流的值域，相对稳定的投资流更有利于业主筹集资金和保障项目的顺利实施。

以上加权系数 α、β 和常数 a、b、c 的值是根据笔者搜集的资料及经验确定的，由于自身水平和搜集的资料有限，不一定在任何条件下都适用，希望大家区别对待。真实、全面、通用性更强的协调系数取值需要经过总结-实践-总结的多轮应用，期望以后能有机会继续研究。

4.2.2.5 离散型时间系统最优控制模型

根据以上例题，建立最优控制模型如下。

$$\min(T^2+x_T^2)$$

$$x_{t+1}-x_t=(y_t^*-y_{t-1}^*)\frac{y_t u_t^2}{x_t},t>0 \tag{4-46}$$

$$y_{t+1}-y_t=(y_t^*-y_{t-1}^*)\frac{x_t u_t}{y_t},t>0 \tag{4-47}$$

$$x(1)=300u(0)^2$$

$$y(1)=300u(0)$$

$Y_t=9000$，$x_0=y_0=0$，$0.8\leqslant u\leqslant 1.2$，$u$ 是控制变量，x 是 ACWP，y 是 BCWP，x 和 y 是状态变量，T 是工期。9000 万元是工程预算造价，y_t^* 是 t 时刻的预算工程预算造价，即 BCWS，是已知的常数。

（1）建模思路

目标函数：目标是工期和造价平方和最小，也可以是加权平方和，比如 T 和 x_T 后面各乘个参数。y_t/x_t 是 t 时刻造价指数 CPI。

（2）状态转移方程

① 式（4-46）的含义。x_t-x_{t-1} 是 $t-1\sim t$ 时刻实际造价增加值，这个增加值受该时期预算增加成本 $y_t^*-y_{t-1}^*$ 影响，同时受造价指数 y_t/x_t 影响，造价指数越高（说明费用超支越严重），这个时候造价增加值（x_t-x_{t-1}）增长得越快。

② 式（4-47）的含义。x_t-x_{t-1} 是 $t-1\sim t$ 时刻预算造价增加值，这个增加值同样受预算增加成本 $y_t^*-y_{t-1}^*$ 影响，同时与 x 受造价指数影响相反，造价指数越高（说明费用超支越严重），y 反而增长越缓慢，这一点是符合实际的。

至于 u 的处理，之所以式（4-46）中是 u 的平方，而式（4-47）中是 u，是为了满足让 x 的增长值与 y 的增长值相除，结果中有 u，避免 u 被消掉，结果中有 u 意味着变化是可控的。

$$\frac{x_{t+1}-x_t}{y_{t+1}-y_t}=\frac{y_t^2 u}{x_t^2}$$

这个模型解的难点在于 y 的初始值与最终值是确定的，x 的初始值为 0，但最终值不确定，而且是二维模型（解尚未求出）。

政府投资建设项目的造价控制是社会公众及学者们关注的焦点。一些数学方法已经在造价控制中被陆续引入，比如因素分析法、层次分析法等。本书从最优控制的角度对政府投资控制进行研究，通过引入投资流的概念，在一定假设条件下建立起最优控制模型，采用庞德里亚金最小值原理对模型求解，并举例说明该方法的应用效果。结果表明，经过该方法优化后的投资方案不仅投资总额得到节省，而且业主的投资流更为平稳，有利于业主筹集资金以保障项目的顺利实施。

4.3 小结

本章根据已获价值理论应用于监控项目进展，它需要从基层向上依次建立一套信息收集、整理系统。经验表明，只有工程造价在3000万元以上的较大工程，建立已获价值管理系统，随时获取工程进展状况的信息才是合算的。

利用灰色预测模型预测已完工程实际造价（ACWP）和已完工程预算造价（BCWP）指标，有利于对工程造价进行事前控制。案例实证表明，该方法对于临近时期的预测具有较高精确度。

运用CS理论将EVM分析优化重点集中在CSIs项目上，最大限度地简化统计、计算、分析、整理数据资料程序和工作量，将主要精力放在主要工作和主要矛盾的解决上。

在一定假设条件下建立的最优控制模型，是把最优控制方法应用于投资控制的一种尝试，该模型需要状态转移方程比较准确地反映工程实际。通过该模型，致力于达到如下目标：①从项目投资的全过程进行投资控制与优化；②对项目投资实现事先控制，而不仅仅是在“投资失控”后采取补救措施。

资金流是业主控制工程进度，进而控制工程造价的重要手段，庞德里亚金最优控制模型的建立，可以帮助业主以最优方式利用这种控制能力。

第5章

政府投资建设项目全面投资管理理论和方法研究

5.1 发达国家和地区政府建设项目的管理模式借鉴

政府投资建设项目投资控制首先是控制模式的先进性，好的投资控制模式能有效限制投资失控、追加费用甚至项目缺乏盈利能力的现象的发生，并杜绝腐败现象，但由于政府投资建设项目存在“主体虚位”和监管困难等“先天不足”，所以政府投资建设项目的投资控制在世界各国都是控制的难点。尽管如此，各国无论在实际应用还是理论上都采取了积极有效的应对措施，制定了符合自己基本情况的投资控制方法，并不断完善，形成了比较先进的管理模式。

发达国家和地区一般将工程项目区分为政府工程和私人工程两大类，并采取不同的管理方式。对私人投资的工程项目，政府主要是进行规划、安全、技术标准、建设程序、环保、消防等方面的控制，只要不违法，一般不加干预。政府管理的重点是政府投资建设的工程项目，也就是公共预算建设项目。政府投资建设项目一般又分为经营性投资项目和非经营性投资项目。经营性投资项目在营运后有盈利保证，一般都完全按私人工程的方式操作。而非经营性投资项目一般由专业化的政府部门直接管理，但工程管理部门在项目的实施中，只行使业主职能，不具有政府的管理职能，其工程的运作依然要遵循一般工程的运作模式。

5.1.1 美国模式

针对美国来说，其政府投资建设项目比较复杂，与其相关的事项较多，重点包含住宅、农业设施、军事设施等领域。而建设政府投资建设项目的责任方主要包括住宅与城市建设部、垦务局、美国工兵部队等。决策形式也存在明显的差异，然而通常都需要获得财政机构与议会准许之后，才能够获得资金的支持。在美国，其管理模式重点分为自行管理、部分自行管理以及全部托付给第三方管理等。

① 自行管理。政府出资建设项目，如果政府相关机构能够完全胜任管理工作（部分还可以胜任设计工作），其管理的责任就要由相关机构来担负。

② 部分自行管理。如果工程量或者涉及的范畴过大，或者政府机构无法胜任管理工作，管理层就需要聘用部分专业人士来共同管理工程。

③ 全部托付给第三方管理。如果有关机构并不具备管理能力或者工程涉及的范畴过大，通常需要托付给有资质的企业，也就是第三方进行有效的管理。第三方管理有两类详细的项目管理模式：一类是第三方筛选承包方；另一类是业主自行筛选承包方，继而托付第三方完成管理任务。

政府有限度地干预经济的国家，政府基本的经济管理职能大体可归结为三个方面：①经济行政事务的管理，如制定经济法律、法规，维护正常经济秩序；②宏观调控经济，如利用财政和货币政策，引导经济健康发展；③提供经济服务，其中非常重要的一个举措就是投资兴建各种公共工程。美国的联邦政府、州政府以及地方政府分别对各自的工程项目进行管理。其指导原则是及时向用户交付最有价值的产品和服务，保持公众信任，达到实现公共政策的目的。为了保证上述目标的实现，除了严密的法律法规体系外，美国联邦政府以及各州政府还结合自身实际，建立了科学的组织体系，制定了严密的操作程序以及相应的监督机制，并在实践中不断完善，有效地保证了政府投资建设项目的投资效果。总体来讲，美国政府投资建设项目的管理体现出如下特色。

5.1.1.1 政府投资的范围及分工

根据政府的职能定位，政府投资建设项目主要集中在改善社会和经济环境方面的项目上，如交通、城市设施、农业基础设施、水利设施、军事及国防设施、高科技、政府办公用房等。同时，各级政府在投资活动的分工上也比较明确，联邦政府主要负责涉及国家全局或需要巨大投资的项目，如国家公路和州际交通、国防、宇航和其他需要花费巨大的高科技项目；州政府负责州内的公路、州管的福利和文化等设施的建设；市政府负责城市内的交通、供水、污水处理、消防和社会治安设施等的建设；县政府负责县属的学校和福利设施的建设。

5.1.1.2 政府投资建设项目受严密的法律法规体系制约

美国政府投资建设项目的管理所依据的主要法律法规是美国联邦采购政策办公室制定的《联邦采购规章》(Federal Acquisition Regulation，FAR)，另外还有美国国会1962年颁布的订立政府合同过程中的诚实法律，美国国会1984年颁布的订立政府合同时促进公平竞争的法律，各个行政机构制定的部门规章制度等。此外，美国政府投资建设项目的合同管理还必须受一些公共法律的约束，如《合同法》《企业法》《小企业法》等。

政府投资建设项目的承发包必须坚持《政府采购规章》规定的基本原则和方法：①完全与公开竞争原则；②公众利益和承包商利益的平衡原则；③保证程序的完全性原则；④政府要认真考虑所有的标书和投标文件的原则。采购方式一般以公开招标方式为主，但允许在一定条件下采用竞争性谈判和单一来源采购方式。在采用招投标方式时，原则上实行最低价格中标原则。

5.1.1.3 政府投资建设项目实行相对集中的建设管理

美国政府投资建设项目范围较广，主要包括国防、水利、交通及政府设施等。联邦政府设有工兵部队、田纳西州流域管理局、高速公路管理局、联邦总务署、国家公园局及拓垦局等部门负责联邦项目的建设管理。如联邦总务署负责为政府提供办公用房、交通等。各州及地方政府建设管理体制与联邦相似，都是设立专门机构管理政府投资。

以政府办公用房为例，联邦政府投资建设管理程序是使用部门向联邦总务署上报用房需求计划，联邦总务署首先考虑旧房调剂或维修加固，调剂与维修不成功，则与使用部门协商提出预算，署长同意后报总统管理与预算办公室(OMB)，OMB组织专家审查，无异议后提交国会，国会组织召开项目听证会，征求议员意见，议员表决通过后即成为法案，经总统签字后该法案生效执行，财政部依据该法案向联邦总务署拨付工程预算，联邦总务署组织建设实施管理。

在工程建设过程中，联邦总务署指定工程经理进行现场管理，使用部门参与审定设计方案。工程经理要在尽量满足使用部门功能要求的情况下，说服对方不突破预算。特殊情况下确需追加预算，必须经过国会启动立法修正案程序。工程经理下设合同官，负责与承包商签订合同并监督合同执行。为节约成本，提高效益，绝大多数工程都实行公开招标确定承包商。如采用不完全竞争或委托等非公开招标方式，必须经监督机关批准并向社会公告，接受各方质疑。投标单位如果对评标结果不服，可以通过法定程序提出异议，如果能证明其在理，可要求重新招投标，或要求政府赔偿其投标费用。为防范工程风险，美国法律规定，承包商签订 10 万美元以上的联邦合同时，必须提供全额的履约及付款担保。另外，与私人项目甲乙双方在民事上地位平等不同，在政府投资建设项目上，出于国家利益考虑，政府享有优于承包商的权利，有权在“符合政府利益”的时候终止合同，而承包商只能就其已完成的工作要求补偿。

工程完工后，总务署与使用部门共同组织竣工验收，总务署仍负责使用过程维修管理。

5.1.1.4 政府投资建设项目有严密的决策及实施程序

在联邦政府投资建设项目的决策及实施过程中，最终用户部门以及管理与预算办公室、国会和财政部都要以不同的形式参与，最终用户一般要参与审定设计和验收工程，管理与预算办公室要对项目的预算进行审定，预算还需经国会批准后方可继续执行，财政部负责工程建设资金的集中支付。地方各州的政府投资建设项目的实施程序也与联邦政府基本相同。

联邦以及各州的政府投资建设项目的决策及实施程序不尽相同，但一般均具有以下特点：在项目的决策阶段，项目要经过同级财政部门和议会的严格审查；在项目的实施阶段，则由项目的执行机关严格按照规定程序以及有关合同对项目进行严格管理。以美国总务管理局的项目运行过程为例，一个大型项目的设计和建设直至交付使用，大约需要如下四个阶段的工作。

(1) 区域规划

总务管理局房地产开发办公室的每个地区办公室都有自己的区域规划，以明确自己的投资战略，总务管理局总部的投资管理办公室在此基础上每年对循环滚动的 5 年计划进行更新。

(2) 计划任务书发展研究

计划实施的工程将被从区域规划中挑选出来以便进一步深入运行，即总务管理局做出决定，批准某一项目，并向管理和预算办公室及国会提出所需投资额度。

（3）项目审定

管理和预算办公室对作为总务管理局的预算请求的构成部分的每个说明书进行检查并上报国会，国会审定项目，并且在联邦预算中安排适当的资金。

（4）项目管理

总务管理局下属的房地产开发办公室组织成立一个项目小组，该小组由建筑师、工程师、建设经理、总务管理局的客户或租户、房地产开发专业人士等组成，负责对工程从始至终地进行集权化的管理，并承担责任。

5.1.1.5 针对政府投资建设项目有相对独立的内、外部监督机制

对政府投资建设项目实行监督是各国的惯例，但美国有着自己的特色。

（1）美国对政府投资建设项目的监督建立在完备的法制基础上

在美国，政府投资建设项目又叫政府工程采购。为了保证投资效果和监督有效，美国围绕政府投资制定了像《联邦采购规章》等一系列严密的法律法规，数量达4000多条。《联邦采购规章》是一部专门规范联邦政府和地方政府采购行为的法规，规定了比较详细的采购制度和政策，政府机构根据其制定相应的采购条例。与政府采购相关的法律法规还有规定联邦政府采购合同程序性要求的《联邦政府行政服务和财产法》，供应商参与采购合同竞争的《合同竞争法》，采购主体向媒体及社会公布政府采购信息的《信息自由法》，规范投标人诚信的《诚实谈判法》，政府采购应适当照顾小企业和弱势企业的《小企业法》等，除此之外还有《贪污受贿、渎职及利益冲突法令》《反回扣法》《虚假赔偿法令》等直接规范政府采购人员与承包商行为的法律法规。

（2）美国的立法、行政和司法机构都有权对政府投资建设项目实行监督

在美国，国会的总审计署办公室、行政机关的检查总局和联邦法院对政府投资建设项目都有监督权。美国宪法授予国会享有监督政府的权力，国会下属的总审计署可以接触所有政府文件，有权评估行政机关的投资计划，对项目进行审计并提出支出建议。同时，总审计署还可以作为复议机关，接受投标人的行政复议。

美国多数行政机关都设有独立的检查总局，负责对本机关业务活动进行

审计和调查，提出建议，防止欺诈、浪费和腐败，检查总局还有责任向行政机关首长和国会报告所在单位工作中存在的问题。检查总局一般下设审计、调查、律师和内部评估等办公室。美国联邦法院管辖政府投资建设项目的投标异议，联邦索赔法院处理政府合同争议。此外，行政机关中设立的合同上诉委员会也有权裁决政府合同争议，但程序比联邦索赔法院简单。对上述裁决不服，还可向联邦巡回法院上诉。

（3）美国公众对政府投资建设项目的监督非常有力

在美国，政府投资建设项目各项支出十分透明，并以三种形式接受公众监督：一是通过各政府的行政首脑和职能部门反映民意，对政府投资建设项目的规划和建设方案提意见，代决策参考；二是将政府投资计划和政府投资建设项目方案公示，对民众持较大意见的召开听证会；三是舆论监督，通过各种新闻媒体对政府的规划、建设方案及实施问题的报道，揭露问题，督促政府改进。

（4）政府投资建设项目实行事前、事中、事后相结合的全过程监督

在项目规划阶段，政府有关部门的监督主要体现在对规划征询意见、开展调查、举行听证会等；项目规划方案得到批准后，相关部门严格监督有关各方依照法定的程序和条件进行招投标；在项目设计阶段，政府部门管理人员要向专家咨询，对设计图分阶段与专家和设计单位进行沟通。在施工中，政府部门派专业人员或者聘请中介机构进行监管，工程完工后还要进行严格的验收和评价。此外，值得一提的是美国对政府投资建设项目监督过程中充分运用信誉与风险约束等市场手段。与我国不同，美国不对包括设计、施工、监理、咨询等各类中介机构评定资质，政府也不设立专门的工程质量监督机构，完全依靠风险约束和信誉制度来强迫企业保证质量，提供优质服务。

5.1.1.6 政府在工程建设合同中相对于承包商是一个有“部分特权”的平等主体

（1）政府投资建设项目的建设方式

美国政府投资建设项目的建设方式仍然主要采用传统的所谓三角方式，即业主分别与设计机构和承包商签订设计和施工合同，业主直接对设计工作进行管理，在施工阶段则由设计人员代替业主承担一部分重要的监督工作。

美国政府投资建设项目的合同形式以固定价格合同为主，但同时也有多

种其他类型的合同。合同内除常规内容外还有一些规定政府部门特权的特殊条款，如美国规定政府有权力在认为“符合政府利益”的任何时候中止合同。

（2）合同管理

政府投资建设项目的合同管理一般都由政府部门委派一名“合同官员”实施管理，在发生变更事项时，一般采用友好协商和调解的方式解决分歧，无法达成一致时申请仲裁或提起上诉。对于资金支付，在工程价款的支付方面，一般采用集中支付模式，即承包商提出支付申请，经合同官员确认后，由财政部门直接将资金拨付到承包商账户。

通过研究美国的政府投资建设项目工程管理方式，可以得出以下启示。

① 我国政府投资的领域和范围必须适应市场经济的要求，从竞争性领域逐步退出，集中到市场“失灵”或市场投效率低的公益性和基础性投资工程上来。

② 政府投资建设项目的决策过程应当更加科学化、民主化、规范化，以保证政府投资建设项目有一个正确的社会目标。

③ 政府投资建设项目的管理应实现相对集中的专业化管理以提高政府投资的使用效率。

④ 政府投资建设项目的管理应体现一定的分权与制衡原则以有效地防止舞弊。

5.1.2 德国模式

在欧洲市场经济比较成熟的国家中，德国在政府投资建设项目的投资控制、建设、运营、管理等方面，已经形成了一套有效的管理控制体制和运营机制。德国的政府投资建设项目主要通过需求机构进行申请建立，通过财政机构、交通以及房屋有关机构的审批之后，经过专业的部门开展详细的工作。比如联邦政府的拆迁项目的主要管理方为联邦建设有限公司，公司给出具体的计划，上交给议会，经过批准之后对社会展开竞标活动。在德国，各州皆设立了建设投资管理局，针对政府投资建设项目立项与建造的环节，相关评审部门对工程投资额的确定、拨付进度款、投资预算调整等内容进行全过程的监督和管理。德国非经营性政府投资建设项目由需求部门提出立项申请，经财政部和交通、建筑和房屋部共同审查批准后，通过专门的机构进行具体运作。德国政府投资建设项目管理总的特点如下。

(1) 项目单位专业化

德国实行专业性建设必须交由专业公司承担，为适应这种办法，德国的咨询、设计、监理、施工单位及项目管理中介公司都非常专业化，不仅拥有大量的专业性强的专业公司，而且拥有融设计、咨询、监理于一体的综合性项目管理公司。

(2) 项目运作市场化

德国政府投资建设项目的整个运作过程十分重视发挥市场机制的调节作用。德国政府对公共工程的建设一般都不直接参与管理，而是采用招投标的方式，从市场中选择项目中介管理公司全权代理，并按照市场方式，对其实行有效的监督管理，专业性项目单位受政府委托，严格按照项目建设要求，运用专业技术和经验实施管理，减少成本，保证质量，取得效益，这样就有效控制了政府投资，能够节省政府的人力、物力和财力，同时能够确保达到投资预期目的。

(3) 项目实施法制化

整个政府投资建设项目的建设从规划、设计到征地、文物管理、招投标以及工程建设的每个环节，都有法可依。各项目单位依法办事，各司其职，相互制约又相互协作，整个工程建设有条不紊，有序进行。

(4) 项目管理信息化

普遍使用网络进行项目管理信息的传递和交流。无论是政府项目的招标信息公布，还是项目建设的时间和经费控制信息在项目单位之间的传递，以及公众对政府项目的监督和建议，都使用了网络技术，充分做到了信息的快速性、完整性和透明性，有利于项目单位及时发现偏差，纠正错误，保证政府投资建设项目的顺利进展，同时也有利于项目建设有关单位之间进行有效的监督和制约。

5.1.2.1 投融资体制

以政府投资的城市基础设施项目为例，由于城市基础设施的公益性特点，政府在城市基础设施投融资和项目管理中居于主导地位。

① 政府是城市基础建设项目的主体，在投资中起到了重要作用。其做法是，把基础建设分为两类：一类是非经营性的或社会效益非常大的项目，如城市道路、地铁等，这类项目完全由政府财政预算投入，若政府资金不能

满足投资需求，则由政府向银行贷款，但贷款数额必须控制在财政长期预算收入可偿还的范围之内；另一类是经营性的或可收费的项目，如供水、供气、污水处理、垃圾处理等，政府允许企业进入，鼓励企业通过市场融资，但视企业的重要程度，政府提供一定比例的注册资本金。

② 各级政府在项目的投资中有明确的责任和分工，对于影响重大的项目，主要由中央政府投资，如洲际的高速公路。城市一般性的基础建设项目，中央政府投资也占很大比重，各级地方政府和企业也承担相应的投资责任，如慕尼黑的地铁建设与维护，投资的50%来自联邦政府，30%来自巴伐利亚州政府，20%由市政府筹集。地铁车辆的购置由地铁公司（市政府全资公司）出资，但有联邦政府和州政府50%的补助。

③ 政府掌握特许经营权的授予权是另一个特点。对于自然垄断行业，如自来水供应、煤气供应、垃圾处理等，政府决定建设某一项目后，通过该行业若干企业之间的公平竞争，政府选择一家优势企业特许其进入该项目的经营。政府与企业签订协议，保证政府目标的实现。

④ 采取多种方式筹集建设资金，对于经营性城市基础建设项目，德国除广泛采用银行贷款、项目融资、BOT等国际通行方式筹集资金外，还采取租赁方式建设城市基础建设项目，如拟建一个垃圾处理厂，政府与私营租赁公司签订协议，政府授予租赁公司特许经营权，租赁公司负责项目投资、建设、运营。在项目运营期间内（如30年），政府每年付租金，租赁公司则拥有企业财产所有权和经营权。

⑤ 重视项目的前期规划，对于城市基础设施建设，政府制定长期的规划，规划期可达10年。具体项目一般由行业协会提出，政府（及议会）审批做出决策。重要的是政府在审批过程中，要通过非常细致、严格的核算，确定项目的规模和投资，同时确定项目总投资中各级政府投资的比例。项目一旦批准，则建设时间、工期、投资不改变。由于前期准备充分，一般都能保证项目按计划顺利实施。

5.1.2.2　价格政策

在政府投资建设项目服务价格的制定上，普遍遵循这样的原则，政府不谋求利益但尽量减少这方面的负担。价格政策的基本要点如下。

① 以成本为基础制定价格。由于德国政府曾经饱受巨额财政补贴的困扰，经过几十年的实践与探索，强调以成本为依据，即使是非经营性行业，

政府也努力使价格与成本靠近。

② 为保护环境、节约资源，对水资源、污水处理、垃圾处理等实行高收费政策。一方面起到了抑制居民和企业有害垃圾排放量的作用；另一方面，可将垃圾处理费用于垃圾处理厂的建设和运营，增加设备，提高处理能力和处理水平，保护环境。

5.1.2.3 企业管理

对于政府投资的基础设施企业，既要实现社会公益性目标，又要提高企业效率，德国的做法如下。

① 根据不同类型的企业，采用不同的管理模式。对于城市地铁等非经营性企业，坚持谁定价谁补贴的原则，政府严格进行成本核算，严格界定补贴范围和补贴数额。对于污水处理、垃圾处理等通过收费补偿投资的企业，投资补偿与收费挂钩，由政府直接掌握，其生产经营则引入私人企业经营，政府提供一定数额的运营费，私人企业承担政府明确的任务，并通过自己的努力获得合法利润。对供水、供电、供气等经营性企业，按照商业化原则进行经营。

② 明确区分政府与企业职责，做到政企分开。对于政府投资的企业，政府该管的努力管好，不该管的不对企业进行干扰，企业则根据与政府签订的协议，进行独立生产经营，在满足政府提出的公益目标的前提下，追求企业自身利益。

③ 为减少行政干预，在政府投资或政府控股的企业成立监事会，监事会一般由政府官员、议会议员、专家、行业协会人士组成。

5.1.2.4 政府投资建设项目管理程序

（1）政府立项

使用部门提出项目方案，交通建设房屋部与财政部联合审查。交通建设房屋部主要进行功能与技术审查，财政部侧重审查预算合理性。双方达成一致，立项成立；双方有分歧，协商解决，协商不成由总理裁定。

（2）议会讨论通过

项目立项获批后，使用部门进一步细化方案与预算，并以政府提案的形式报联邦议会讨论。议会通过后，工程方案即成为法案，必须付诸实施。

（3）公开招投标

项目一经议会表决通过，业主即开始组织公开招标。德国规定，工程超过500万欧元，设计和设备材料采购超过20万欧元，都必须面向欧元区公开招标。在招投标过程中，投标商不得少于10个，否则重新招标。德国一般按最低价中标原则评标。投标单位如果对评标结果不服，可以起诉，自诉讼之日起两周内原评标结果无效。

（4）预算调整

政府投资建设项目经议会通过后就成为法案，必须严格执行。如果预算发生变动，特别是5%以上的变化，必须报议会重新审议。5%以下的调整，需经财政部和交通建设房屋部同意。

（5）质量监督

德国无论是私人工程还是政府工程，都要接受政府严格的质量监督。但政府不是直接监督，而是委托审核检验工程师进行，检验工程师只代表政府，只对政府负责，而不代表工程业主。工程师有权参与工程建设全过程的质量管理，有权对工程质量进行强制性审查。此外，德国对质量监督实行严格的处罚，审核检验工程师若徇私舞弊或滥用职权或严重失误，将被终身取消执业资格。

5.1.2.5 德国政府投资建设项目监督

为保证政府投资建设项目决策的正确性和实施的透明性，德国实行四级监督机制。一是德国有专门的内部监督机构，如建设部和财政部。德国建设部下设由国务秘书即副部长直接领导的内部监察处，其主要职责是内部检查和预防腐败。建设部下设的建设投资管理局，负责对政府投资建设项目招投标、技术、进度、质量和竣工验收等进行监管，财政部则主要监管资金拨付、投资预算控制和调整、工程款使用情况、项目后评价等。二是审计监督，德国审计署定期审查建设项目的合法性和经济性，一年一度的《审计年鉴》是反映公共工程项目实施进度、效果和廉洁程度等的重要窗口。三是议会监督，主要体现为对预算的审查、控制和接受选民的质询，对政府投资建设项目的相关问题进行检查、审查和处理。四是舆论监督，项目使用部门、各实施单位、政府机构和议会等都要受到公众和新闻舆论的监督。

5.1.3 英国的政府投资建设项目管理情况

英国政府投资建设项目的建设机构为英国环境交通区域部，它在1997年6月成立，将之前的环境机构和交通机构合二为一。其他有关投资的机构重点包含国防部、财政部、外交部等。英国有关政府投资建设项目管理的发展历史为：开始阶段，政府项目的建设责任主要由公共建筑部承担，选择将工程清单当作前提来核算项目合同管理；之后，政府选择了PSA模式，也就是财产服务代理（Property Service Agency）。经过20多年的发展，由于政治权力方面的改变导致建筑领域产生了较大的改变。随后，政府投资建设项目慢慢选择构建通过审查的承包方/咨询方清单（也就是DETR/NQS系统）和设定合同处等形式来进行管理，PSA慢慢转变成了私人承包与咨询方。

工业革命起源国是英国，英国工程造价管理经验非常丰富。早在140多年前，英国便成立了涵盖建造师、项目管理等专业的造价管理协会——英国皇家特许测量师协会。进入20世纪后，随着工业的不断兴起，项目管理被运用到世界各地更多的领域，造价管理也随之被推广。英国主要由咨询公司、中介公司定期颁布信息价格，但工程量的有关计量规则则是由政府主管部门颁布，咨询公司、中介公司按照市场价和信息价相结合的方式来计算价格。经过长时间的发展，英国建立了标准的建设工程计量评估方法及建设工程造价管理标准，把建设工程造价管理与控制当作是标准的、规范的、前景广阔的市场产业。英国政府实行全国统一标准的工程计量方法，也就是《英国建设工程计量算法》，统一划分了工程项目的类型、计量的单位数据与计算方法。在标准计算准则的约束下，项目参建方严格遵守与执行这个规章制度，使大家站在同一起跑线上。在英国，建设工程造价的管理包括最初建设方案构想、项目立项、评估决策、规划设计、招投标、合同订立、竣工验收、交付运营等一系列工程流程，是基于预估项目投资的深化，最后确保建设工程的建设工期、建设质量以及成本控制目标的实现。

英国对于政府投资建设项目的投资也非常严格。一方面，英国的财政部门对于政府投资建设项目有着明确的法律规定，例如英国颁布了《英国公共工程合同规则》《英国公共设施供应的公用事业工程合同规则》等法律法规，这些法律严格规定了政府投资建设项目需要进行招标，招标的具体流程要合理合法，并且符合各项规定。通过政府相关机构的验收检查，确定中标单位的具体资质并与其签订合同，对工程建造过程中的造价严格把控。另一方面，英国自古以来一直都是现代建筑合同管理的标杆，各国也都以英国为借鉴。在英国的当地社会中，一般的工程项目都是由建筑师统一负责，对具体的建筑造价支出进行逐项的规划预算，并在每个时期进行统一的评估。

英国建筑工程项目分为私人工程项目和政府工程项目。私人工程项目（即非国家/非政府项目）主要包括工业、商业、学校、房屋、私人医院等。公共工程项目（即国家/政府项目）主要分以下几种类型：中央政府项目，如国防项目（海、陆、空项目）；公共办公楼，如监狱、国会、税务办公室、社会保安、法院等建筑；公共基础设施（主要指土木工程项目），如道路、桥梁、铁路、隧道、港口等项目；公共服务建筑，如医院、学校等。公共工程项目主要采用由政府制定的“政府项目合同形式”。英国政府投资建设项目管理的特点如下。

（1）对政府投资建设项目建设实行高度集中管理

鼓励所有中央政府建设项目业主从 2000 年 7 月 1 日起对新工程的采购采用私人融资方式（Private Finance Initiative，PFI）、设计建造方式（Design and Build，DB）和总承包方式（Prime Contracting，PC）。

① PFI 方式，其基本思路就是将政府项目交由私人融资、建设和运营，根据协议要求的时间将建成的项目移交给政府。该模式是以公私长期合作合同为纽带，由私人承担与提供公共服务设施有关风险，政府按商定的实施标准进行支付。PFI 模式按照一定的方法和原则来实施。该种方式发展迅速，大大改变了英国的建筑项目管理方式。具体操作方法有三种。

第一种是自由竞争方式。一般公益性项目投资，如学校、医院、体育设施、公园和博物馆等建设项目，经过政府招投标签约后，由私人企业出资建设和运营管理，建成后向社会收取服务费来回收投资，政府不参与投资和管理。

第二种是补贴方式。私人公司投资建设项目，为社会提供市政服务设施。投资主要通过服务性收费回收，政府适当给予财政补贴。政府在项目建设和运营管理的不同时期实施补贴，其形式不一，可以提高建设和服务质量，如伦敦广场地铁延伸线项目，完全由私人公司举债建设，建成后政府适当出资帮助还本付息。

第三种是购买服务方式。这种方式是纯粹为社会服务的建设项目，如监狱等，它很难通过服务收回投资；又如不宜通过收费回收投资的高速公路项目，虽然由私人投资建设和管理，但政府需要出钱向投资者购买服务，政府根据购买服务的数量和质量区别付费。政府签订购买服务合同时即授权服务期限和明确了服务付费标准，保证私人公司的投资回收。

② DB方式，是指一个供应商负责该设施的设计与建造。供应商有可能通过各种努力实现业主的最大利益，但是由于事先结果未充分制定，所以存在质量、设计和实施上的风险。

③ PC方式，是将整个工程委托给一个主承包商（Prime Contraction），由其负责业主与供应链之间的连接。主承包商必须有能力将供应链各方团结在一起，以达到业主的要求。

（2）政府商务办公室的作用

政府商务办公室（OGC）于2000年成立，负责对中央政府的采购与商务活动进行咨询。OGC在采购指南中规定了一套标准合同文本，但只作为指导性合同文件，没有强制性。为了保证合同的履行，要求提供保证金或担保，主要类型有无条件即付保证、履约保证、母公司保函、预付款保证、滞留担保等。

（3）政府采购的一般原则

公共部门实行强制竞争性招标，保证政府开支得到更严格的监督和更合理的使用。中标原则为物有所值（Value For Money，VFM）。

货物、工程或服务的采购应通过竞争招标获得，除非另有与此相反的原因。根据部门法规，竞争形式应适用于所要求的产品或服务的简单和复杂性。

政府部门应根据欧盟采购规则和其他国际协议制定适合合同授予程序的法律框架，除了欧盟协定义务外，特殊规则适用于估价超过规定价格的大多数合同。

政府部门应确保所有负责货物、工程或服务采购的职员和发起团体知道采购政策指南和OGC发出的购买政策与指南。

（4）英国政府投资项目围绕工程造价实行依法监督

① 英国的政府投资项目监管制度建立在欧盟的法律框架下。欧盟及成员国政府投资项目主要以政府采购的形式出现，英国作为欧盟的重要成员国，自然不能例外。欧盟为了规范成员国的政府投资行为，通过了《公共货物采购指令》《公共工程采购指令》《公共服务采购指令》《公用事业采购指令》《公共部门采购救济指令》和《公用事业采购救济指令》等。一方面，

这些指令有利于更好地实施对采购主体和供应商的监督；另一方面，依照救济指令，如果供应商、承包商或服务商认为自己受到侵害，可以在国家法院或法庭对采购提起诉讼，谋求“有效的救济办法”，政府判决不得与采购指令冲突。

② 英国政府投资项目监督主要由议会、财政部和审计机关负责。

a. 议会监督。英国政府机构的所有支出都要有议会的授权，这是一条基本原则。英国财政部制定的政府投资预算必须经过议会审批通过才能执行。各机构的支出受到议会公共支出委员会的严格监控。

b. 预算控制。英国财政部每三年制定公共支出的总预算，每年制定年度预算都要报议会审批，预算一经议会通过即成为法案，申请单位不得超预算，如果超过预算，只能通过追加预算制度获得资金，这个过程烦琐漫长并且需要经过严格的审查，而且追加资金只能专款专用。

c. 审计监督。英国的全国审计办公室隶属议会，具有很强的独立性，该办公室向议会汇报审计工作情况，对财政资金的使用情况有充分的监督权。

③ 英国政府投资项目监管以控制工程造价为中心。工程造价管理是英国政府投资项目监管的重点。英国政府环境部地产服务中心负责组织政府各部门提出政府投资建设项目建设计划，财政部负责审查并核定投资额，项目预算经批准后，财政部负责拨款。为了确定投资、控制工作量，相关部门制定了经财政部门认可的各种建设标准的造价指标，它们是向国家申报投资、控制规划设计、确定工程项目规模和投资的基础。政府投资项目一般都采取公开招标方式。在立项阶段，预算师要参与可行性研究报告的编制工作，并编制投资估算，提供给政府有关部门决策。在施工阶段，为确保结算不突破造价限额，不得随意变更设计。另外一个显著特点是FIDIC（国际咨询工程师联合会）条款在施工阶段的广泛运用。FIDIC合同条款涉及项目范围管理、项目费用管理、项目时间管理、项目质量管理、项目人力资源和沟通管理、项目风险管理、项目采购管理等方面，不仅是业主和承包商之间签订土木工程施工合同的范本，也为业主单位在项目施工阶段的管理提供了操作性很强的管理方法、步骤和程序规范。按照施工合同条款对建设项目进行管理，有利于保证工程工期、质量，控制费用，减少风险，实践性非常强。

5.1.4　日本政府工程管理体系

日本由于受到第二次世界大战的影响，经济的发展一度出现萎靡甚至是倒退的现象，但由于美国政府的一度扶持，日本经济得以发展，目前已经跻身于世界经济发达国家的行列。在日本，政府投资建设项目必须要政府牵头，由政府部门制定相应的发展规划，由政府部门进行投资管理，对资金的具体用途都由政府严格把控。另外，日本的工程项目也由政府进行统一组织和统一对外招标，政府负责管理的项目建设有严格的控制标准，包括在工程项目的前提规划、中期施工以及后期的验收阶段要分工明确，严格控制造价支出。日本是一个非常注重法制建设和造价管理的国家。日本政府统一颁布了相关的建筑法律法规来约束政府工程项目，并要求政府投资建设项目必须按颁布的建筑法律法规计算出投资总额。日本政府在工程造价管理上一般所采用的模式主要就是工程积算制度，分别为计划、设计和施工三个阶段的积算。日本政府有关建设主管部门和建筑积算协会都会定期对工程造价咨询行业进行相应的技术指导及管理。工程造价的有关政策、有关的法律法规、相关管理办法均由政府建设主管部门负责颁布。

第二次世界大战后，日本政府为了稳定投资，切实保证政府投资有效地为社会经济发展服务，采取了一系列刺激经济增长的政策，特别是通过建立健全投资立法，将政府投资行为完全纳入立法的保护与监督之下，发挥了政府投资的宏观调控作用，引导日本经济实现了高速增长。

日本实行的是政府主导的市场经济体制，一个重要特点是将整个国家基础设施的建设纳入国家计划的轨道并与国土开发计划紧密配合。在不同时期，日本政府通过制定中长期发展计划，明确政府投资的总方向；通过专项计划，对不同的产业实行投资倾斜。2001 年 1 月，日本政府把运输省、建设省、国土厅和北海道开发厅合并成为国土交通省。国土交通省下设 15 个司局级单位，分别是：大臣官房（办公厅）、综合政策局、国土计划局、土地水资源局、都市地域整备局、河川局、道路局、住宅局、铁道局、汽车交通局、海事局、港湾局、航空局、北海道局、政策统括官。这种部门的合并是根据政府投资建设项目在管理过程中出现的相互协调和合作不可分割的关系，同时参考了《道路法》《河川法》《地方自治法》《城市计划法》等几部已经颁布的法律，把有限的法律资源也整合起来，更便于在政府投资建设项目的管理过程中依法管理。另外，国土地理院也是根据《测量法》和《国土交通省设置法》设立的进行测量的行政机关。它负责有关测量的策划，掌握国土的基础情报，公共测量的指导及调整，参加有关测量的国际交流活动。日本对工程建设、建筑业的管理及招标工作采取分工负责制。日本政府工程项目的发包方式采用特殊法人制管理模式。

在日本，还有《财政法》《地方财政法》《国有财产法》《建筑基准法》《土地取用法》《国土利用计划法》《地方自治法》《建设业法》《会计法》等。日本政府通过各种投资立法，将政府投资完全纳入法律的保护与监督之下，保证了政府投资的连续性和稳定性。日本政府投资建设项目管理的特点如下。

① 除一般公路、治山治水、城市道路等少数建设项目外，其余绝大部分基础设施都是采取企业化的办法经营管理。所有由国家和地方经营的这些基础设施都由公共企业来实施。作为公共企业，与一般民间企业不同，它们一方面在经营方面拥有地区垄断权，政府允许它们发行债券、减免税收和从财政得到补助和贷款；另一方面，它们的经营活动必须接受政府监督，财务上必须上报政府审查，服务价格和收费由政府核准，企业领导人由政府任命。公共企业是根据《特别企业法》成立的特殊法人，其目的在于通过政府干预设计政府投资建设项目，规避市场经济下市场失效现象的出现，同时通过企业化项目管理模式，有利于项目成本的核算和效率的提高。

② 承发包工程不进行行政分配，一律通过招标。在招投标过程中，采用低价中标原则，但对于异常低的投标，日本建立了低投标价格调查制度，要求投标方做出合理的解释，以确认投标者是否有能力以投标价格承担工程，同时有效避免大量索赔的产生；另外，其价格若超过预算价格也不能中标，这里的预算价格是指由发包者根据积算基准积算所得的工程费，并被规定为价格上限。同时在招投标方式、企业经营事项审查、防止不正当低价中标等方面采取了相应措施。

根据《建设业法》和《会计法》的规定，日本政府投资建设项目必须签订合同，在签订合同的同时，必须要有合同保证。

③ 承发包工程必须严格签订和履行合同。工程一旦中标，法规要求当事人双方在各自对等的立场上，通过协商缔结公正合同，并诚实守信地履行。合同的内容必须载明工程的内容、金额、开工日期、付款方式、设计变更及自然灾害造成损失的处置原则和纠纷的解决方法等11项基本内容。

④ 日本总理府设置了政府采购投诉检讨委员会，专门负责处理政府采购过程中的投诉，以此方式对政府投资建设项目进行监督。日本的政府投资建设项目实行集中的管理方式，除环境工程由环境省分管外，交通、建筑等工程由国土交通省集中管理。在工程造价方面，由国土交通省负责决策和计

划的测定，其下辖的各个业务部门负责管理、监督、立项及资金的审查等工作。另外，在国土交通省内还设置了许多咨询机构，如交通政策审议会、国土审议会等，以帮助科学决策。政府投资建设项目计价依据与模式为量价分离的工程积算制度，计价标准由政府制定，即建设工程积算基准，政府将指定专门机构，如经济调查会、建设物价调查会等，针对政府工程收集掌握劳务、机械、材料单价，调查相关经济数据和指标等，编制复合单价，作为控制政府工程投资的依据。

政府在工程建设过程中，派出建筑监视员，对工程建设进行不定期的检查，发现问题，立即责令改正。他们一般同时负责的工程不超过5项。这些人纳入政府公务员系列，其报酬来自国家税收。日本的建筑监视员代表政府对工程施工进行巡回监督检查。对于不符合规定者，可以对该工程发出停止作业的命令，也可责令暂时禁止建筑物的使用或限制使用。

⑤ 政令统一，职能分工明确。在项目管理中，虽然部门之间有分工，但法律规定是一致的，这就保证了各自能够依法办事、依法经营，从而防止了各种纷争。

⑥ 日本政府投资建设项目完成后要进行项目的后评价，一般采用招标的方式选择评价机构。中标的评价机构按照规定的程序对项目的完成情况进行评估，并向有关部门提交评估报告。日本对政府投资实行分级管理、责权一致的原则，对于决策者来说，投资决策的正确与否，是考核其政绩的重要标志之一，而考核结果将与其任期紧密挂钩，这无疑增强了决策者或决策层对政府投资建设项目管理的责任感，有效地提高了政府投资的经济效益。

5.1.5 新加坡政府投资建设项目的管理

新加坡的建设项目组织方式基本采用英国方式，即由业主、顾问工程师和承包商三方面组成。根据业主及顾问工程师来源的不同，新加坡的建设项目组织方式可以分为以下两种。

(1) 公共房屋工程

新加坡的公共房屋工程由新加坡住房及发展委员会（HDB）作为业主负责组织实施。住房及发展委员会共拥有8000多名员工，实力相当强大，因此其项目实施以往多采用自营模式，规划、设计、现场监督、管理工作均由自己承担，通过招标选择经建筑工业发展委员会（CIDB）认可的政府公共工程承包商负责项目施工。自1991年开始，为促进公共房屋设计水平的提高，向住户提供更高质量的房屋，住房及发展委员会在部分项目上邀请私人建筑师参与设计，同时将部分住房及发展委员会拥有的土地向私营开发商招标，由其承担公共房屋项目建设。

（2）公共工程（除公共房屋外）

新加坡的公共工程主要由新加坡公共工程局（PWD）、陆路交通管理局（LTA）、电信管理局（TAS）、海事及港口管理局（MPAS）等部门根据工程性质分别作为业主负责组织实施。这些工程的规划和设计工作大多由其业主部门自己承担，但工程项目的顾问工程师大多来自新加坡公共工程局，通过招标选择经建筑工业发展委员会认可的承包商负责对项目总包，同时业主单位有权直接选择分包商，称为指定分包商。

在实施项目管理方面，新加坡政府对公共工程招标的形式、投标者的资格及相应的评标原则都提出了详细的要求，在加强政府投资建设项目的合同管理和风险管理方面有值得我们借鉴的地方。

① 公共工程招标形式。新加坡政府规定公共工程的招标形式分为三种：公开招标、邀请招标和限制性招标。其中超过85%的公共工程采用的是公开招标形式，政府统一的招标规则规定凡超过30000新加坡元的公共工程，原则上均应采用公开招标的形式。对不超过30000新加坡元的公共工程可采用邀请招标的方式进行。对于特种工程、国防工程或紧急情况下征得招标委员会的同意，方可采用限制性招标的方式。

② 对投标者资格的要求。新加坡政府统一的招标规则规定，凡参加政府公共建筑工程招标的承包商，必须在参加投标前，已在新加坡建筑工业发展委员会注册作为可承担政府工程的承包商，并按照建筑工业发展委员会评定的资质等级参加相应等级的政府工程投标。

③ 公共工程评标原则。新加坡政府统一的招标规则规定，对投标者的投标进行评价，选择中标者的原则是：中标者的投标应是完全符合招标要求的；中标者的投标价格应是最低的；中标者的价格应是合理的。同时规定，对于新加坡本地和东盟的有在新加坡从事公共工程良好记录的承包商可在评标时获得2.5%（最多不超过40000美元）的优惠。

④ 政府公共工程合同管理。新加坡建筑工业发展委员会对政府公共工程制定了统一的公共工程标准施工合同条件（COC），供各政府部门使用，以此来使工程建设各方熟悉合同条件，降低投标费用及提高合同管理效率。

该合同条件由两部分内容组成：第一部分为通用合同条件；第二部分为根据工程具体情况制定的专用合同条件，以使其能为各个工程所通用。此外建筑工业发展委员会还制定了指定分包商标准合同条件（NSC），该合同条件与COC共同使用。

⑤ 政府公共工程风险管理。工程项目的风险主要可以分为社会风险、经济风险及建设风险。由于新加坡政府公共工程主要用于基础设施建设及公共房屋建设，在进行了周密的可行性研究及项目方案制定并报政府各有关部门审查批准后，其社会风险及经济风险不大，对于工程项目的建设风险则依靠政府完善的招标投标管理、合同管理、质量管理及造价管理进行控制。

5.1.6 发达国家和地区政府投资建设项目管理模式的对比分析

发达国家和地区政府投资建设项目管理既存在差异，又存在共同之处，其共同之处大多是国际普遍性的先进做法，值得我们学习参考，其特色之处也与其国情和历史紧密联系，值得我们探讨和学习。在前述分析的基础上，本书对其管理模式进一步进行分析，提出一些具体的借鉴事项。

（1）对政府投资建设项目与非政府投资建设项目应采取不同的管理方式

发达国家和地区政府对于政府投资建设项目的直接实施管理是政府的一项重要职责，几乎所有发达国家和地区都有实施政府投资建设项目的专门机构。从美国和德国等政府的管理模式来看，政府投资建设项目与非政府投资建设项目的管理方式是严格区分的。对于非政府投资建设项目的建设一般采取不干预政策，即私人业主对自己的投资建设活动有很大的自主权，政府只是采取“间接”的手段进行调控。对于政府投资建设项目，特别是非经营性项目的工程建设，管理则非常严格，政府设立专门主管机构，以业主身份代表政府实施全过程的集中管理。项目的所有单位或使用单位不直接参加工程建设的组织实施，项目建成后，再交付使用单位使用，实现了建管用的分离。值得注意的是，这些主管机构在政府投资建设项目的建设过程中，只行使业主的职能，不再具有政府的管理职能，其工程建设的实施仍然要遵循一般工程的运作模式。

（2）对政府投资建设项目工程建设的管理充分发挥咨询组织和专业人士的作用

从国外对政府投资建设项目的工程建设管理方式来看，大致可分为三种，即自行管理，部分自行管理、部分委托管理，以及全部委托管理。从各种方式的运行情况来看，当政府投资建设项目的业主拥有很强的管理力量时，一般采用自行管理的方式，除此之外，一般均采用部分或全部委托专业人士管理的方式。发达国家和地区政府投资建设项目的专业管理机构管理人员本身就由建筑师、工程师、合同律师等专业人士构成。另外，政府除了自己对政府投资建设项目进行管理外，还都按照规定的程序选择和委托相应的工程咨询公司来管理，政府进行监督。所有的重要技术环节都有专业人士把关，工程中质量、技术、安全、成本等责任非常明晰，这些专业人士是在政府严格管理之下或由专业的学会、协会组织进行注册的，由于专业人士的风险责任制度、无限经济责任和责任保险制度的约束，形成了整个工程咨询行业人员必须向政府负责、向业主负责的运行机制，调动起了专业人士和机构的责任心，也有利于投资目标的实现。

从效果来看，一般认为由经过严格挑选的咨询公司和专业人士负责管理的项目效果较好。专业的咨询组织和专业人士减轻了政府对行业管理的负担，政府只需宏观调控，制定符合市场机制运行的法律、法规和条例，建立相应的监督机制。

(3) 政府机构之间权力和责任匹配并互相制约

使用单位、财政、预算（有的国家将此两部分职能分别授予不同的机构）部门以及议会在工程的建设过程中具有不同的法定职责，根据其法定职责，各自要在工程的不同阶段发挥其作用。使用单位提出需求并参与设计审查以及交付验收；议会对工程是否建设以及投资规模具有最终的决定权，建设部门参与前期的可行性研究、概预算编制并负责建设实施，甚至管理和维护；财政、预算部门要对工程预结算进行审查并进行集中支付。这样职责清楚，彼此制约，各部门可以专注于职能范围内的事情，避免了权力寻租。

(4) 政府投资建设项目向私人资本开放

政府的建设资金来源毕竟是有限的，为了充分发挥私人资本的作用，无论是经营性还是非经营性的政府投资建设项目，在建设中均可向私人融资。BOT 作为一种引进先进技术和管理、减轻政府负担、提高工程建设效益、转移政府工程建设风险的有效措施，在这些国家得到了政府的高度重视。

(5) 政府投资建设项目工程采购市场化

在市场经济国家，各级政府部门和其他公共部门或政府指定的有关机构的采购开支主要来源于法人和公民的税赋和捐赠，必须以一种特别的采购方式来促进采购尽量节省开支、最大限度的透明和公开以及提高效率目标的实现。招投标采购是政府采购及其他公共采购的主要方式，招投标方式程序规范、透明度高、能获取最大限度的竞争，使参与投标的供应商和承包商获得公平、公正的待遇，以及提高公共采购的透明度和客观性，促进采购资金的节约和采购效益的最大化，杜绝腐败和滥用职权。

（6）政府投资建设项目工程质量保证体系完善

当前，我国政府投资建设项目在工程建设中存在着各种各样的问题，后果最终表现在工程质量方面。针对这一问题，政府采取了加强政府工程质量责任制、加强政府对工程的监督检查、严格建设程序等措施，对我国的政府投资建设项目起到了积极的作用。但这些措施只能对发现的问题进行改正，不能从根本上避免问题的产生。国外在这方面非常重视质量保证体系的建设与应用，认为工程质量不是靠检查出来的，而是在建设过程中形成的，如果到检查时才发现质量问题就太迟了。因此，国外大力推行质量保证体系的应用，不仅仅要求承包商，而且政府项目的业主、设计、监理单位均应建立相应的质量保证体系，以此对政府投资建设项目的工程建设形成全方位、全过程的质量保证体系网络，达到提高政府工程质量的目标。

（7）政府投资工程的透明度极高

因为使用的是纳税人的钱，因此，任何纳税人都对政府投资工程具有知情权，政府投资工程要接受多方面的监督，保证了政府投资工程实施的廉洁、公正。对于政府投资工程管理部门严格的监督机制体现在两个方面：一是建立严格透明的操作程序，从制度上保证工程管理的有效进行；二是严格的外部监督机制，承包商如认为政府投资工程管理部门有不规范行为，可以向有关部门投诉。

（8）项目的决策机制

从英国、美国、日本及其他地区的政府投资建设项目的决策来看，政府投资建设项目的决策通常由政府及相关部门掌握，如美国的政府投资建设项目必须经过同级财政部门及议会的批准方可实施。而且总体来说，发达市场经济国家及地区的政府投资建设项目在项目前期决策阶段是非常重视项目的可行性研究工作的，可行性研究的深度比国内深得多。

（9）覆盖项目建设全过程、全方位的完善监督体系

发达市场经济国家和地区公共工程实施受到全方位、全过程的监督，包括议会的监督、政府机构的监督和公众的监督等。议会的监督主要体现在对

项目投资预算的审批、对资金使用情况的监督。政府机构的监督包括财政、审计、建设和监察等部门的监督。财政部门主要监督预算控制情况，审计机关监督资金使用情况，建设部门监督工程质量，检察部门监督政府行为合法性等。公众的监督主要有两种形式：一种是相关部门主动向公众披露信息或征求公众意见；另一种是舆论监督，由媒体进行报道或揭露。

除以上特点外，特别需要指出的是，一些发达国家和地区实行的政府采购模式，与我国内地推行的代建制是不同的。美国和英国都设立了分散的或集中的政府采购机构作为公共工程项目的业主，例如，美国的垦务局、总务署和陆军工程师兵团等，英国的政府采购办公室和各大区采购机构。虽然各国或地区在公共工程项目管理过程中也将部分业主的职能外包，但都没有改变政府采购机构作为业主的地位和职责，改善的只是承包商的管理。

（10）工程造价控制非常严格

发达国家和地区对政府投资项目造价控制非常严格，超预算的情况受到严厉制止。美国法律严禁任何部门预算超支，超预算是除刑事犯罪外唯一可以判定部长或合同官有罪的原因。各部门内项目一般也不得超过预算，这是因为发达国家和地区项目预算编审很严谨，各种可能的因素都考虑得非常充分，还留有7%以内的预备费。如因材料涨价过高而导致预算不够，那么有两种解决办法：一种是更换材料，调整设计，降低成本，因国会关注的不是材料如何，而是预算能否控制；另一种是从部内其他项目调整，但调整幅度不能超过5%。无论是单个项目超预算还是5%以上部门内部调整都必须报国会批准。在国会批准下达之前只能按原批复预算执行，不得超支。在英国，为了防止项目超支，大多数政府投资项目都实行总价合同，即合同价在合同中明文规定不得更改，少量工程变更较大的项目应用多次测算合同时，也要通过修改设计、调整材料、严格按照FIDIC条款建设管理等方式将投资控制在预算范围内。

5.2　国内部分试点地区政府投资建设项目管理改革现实

目前，我国许多城市已经意识到对现行基础设施建设管理方式进行改革的必要性和紧迫性，深圳、上海、重庆等地区率先进行了改革，在借鉴发达国家和地区基础设施建设管理通行做法的基础上，结合我国国情，积极探索建立符合基础设施建设管理的方式，已取得了可喜的成效。这些地区的具体做法不尽相同，但改革的指导思想却是基本一致的，即按照投资、建设、管理、使用分离和专业化管理的原则，对基础设施项目的建设实行相对集中的专业化管理，建立权责明确、制约有效、科学规范的基础设施建设管理体制和运行机制，提高投资效益和建设管理水平。这些有益的尝试为我国基础设施建设管理的改革以及代建制度的建立和完善带来了重要的启示。

5.2.1 深圳工务局模式

深圳作为我国改革开放的前沿和经济特区，借鉴我国香港地区的做法，在政府投资建设项目管理模式的探索和变革方面已取得了较大的成绩。深圳于 2002 年成立了工务局，作为负责政府投资的市政工程和其他重要公共工程建设管理的专门机构，代表政府行使业主职能。

深圳市政府对政府投资建设项目管理方式实行“相对集中，区别对待”的原则：对于常年有政府投资建设项目建设任务，且有相应建设管理能力或有特殊要求的专业部门，如规划、国土、交通、水务、公安、教育等部门的政府投资建设项目可暂由其继续管理，其余政府投资的市政工程、“一次性业主”的房屋建筑工程、公益性工程可全部纳入建设行政主管部门——工务局集中统一管理，取消政府投资建设项目“一次性业主”的建设管理模式。通过工务局的设立，将过去各单位的“各自为政”变成“统一作业”，采用专业化的管理，保证政府投资建设项目的高效优质完成，杜绝了“工程马拉松，投资无底洞”的现象。

工务局处室分工明确，从职能划分上使工程管理与招投标、合同、工程款支付管理之间形成了既相辅相成又互相制约的监督关系。执行和决策环节由项目组和招标委员会两个层次确定，一个层次在做事，一个层次在复核、监督、审批。这样既相互制约，有利于反腐倡廉，又保证决策质量，工作明确，较好体现了反腐倡廉与效率统一的原则。在源头上，项目招标要接受建设行政主管部门和纪检监察部门监督，达到预防和治理项目的承发包导致腐败的目的；在施工中，现场签证和变更接受审计部门的监督，从而避免了不实签证、随意签证可能发生的腐败行为；在资金管理上，工程款支付接受财政局监督，每个月由施工单位根据完成的工程量填写申请表，监理单位签字后，工务局签字，然后由市财政局直接拨款给施工单位。这种支付机制的建立，避免了工程款支付环节中的腐败。

（1）项目管理体制

深圳政府投资建设项目在决策、管理过程中，实行分类管理制，其管理原则是相对集中，区别对待。除特殊行业或有技术要求的，如水利、体育、卫生等部门可继续管理有关的政府投资建设项目外，其余项目全部统一集中由专业部门进行管理，专业部门因长期从事政府投资建设项目建设工作，一般具有丰富的项目建设管理经验。政府在每一计划年度内至少两次向市人民代表大会或者市人民代表大会常务委员会报告政府投资建设项目计划的执行情况。计划主管部门负责监督检查政府投资建设项目计划的执行，并向市政府和市人民代表大会有关专门委员会报告计划执行情况，市人大常委会成立专责小组监督政府投资建设项目。政府投资的重大建设项目，可以任命稽查特派员。

（2）项目管理主体

工务局为正局级事业制单位，由市政府直接管理，代表政府行使业主权力，负责对政府投资建设项目进行管理。建筑工务局共有五个内设机构，即办公室、建筑工程处、综合计划处、给排水工程处、市政工程处，其主要工作职责是：参与或主持有关项目的前期工作；参与制定政府投资建设项目中长期建设规划和年度建设计划；根据市投资主管部门下达的政府投资建设项目计划，按照基本建设程序开展项目建设前的各项准备工作，包括用地、环评、规划手续的业务文件办理和报批；负责项目施工全过程中的有关协调和监管，以及各项工程技术工作；组织项目的财务监督审计相关工作，做好项目投入使用前的试运行有关工作，并组织开展项目建成后的评价和验收工作。根据投资规模和所处行业等情况，派出建设项目组或项目主任，不介入招投标等工作，只负责具体项目管理。对于较为复杂和规模较大的项目，建筑工务局可以派出项目组，项目组主任和组成人员由各处提名，由局长办公会讨论决定。

（3）项目的监督

对于政府投资建设项目集中管理，如果监督不到位，有可能出现比分散管理模式更大的腐败，为了避免这种风险，建筑工务局主要采用以下形式来对项目实施进行监督。

① 决策权和执行权分离。根据项目规模大小，分别派出项目组或项目主任，项目组负责落实细节，项目主任对项目质量、资金、进度负责，项目实施过程中的关键环节由项目组拿出具体方案，由招标委员会集体审查。这

样，关键环节和具体过程分属两个角色管理，形成既互相制约又互相协作的关系，保证了专业分工，明确了工作任务。

② 内部制约。建筑工务局处室分工比较明确，形成了相互制约的关系。项目实施过程中的几个关键环节，如招标、监理、质量控制、资金支付、进度验收的管理分属不同部门，这就形成了既分工配合又互相制衡的关系。

③ 外部监督。建设部门和纪检监察部门对项目实施过程进行跟踪监督，尤其加强了对项目招投标工作的监督，纪检监察部门在投标资格预审和评标时，实行现场全过程监督，保障招投标在公开、公平、公正环境下进行。项目资金实行财政统一支付，接受财政部门监督，作为项目业主，建筑工务局只负责认定工程完成量，施工单位填写申请，监理单位签字后，建筑工务局对工程量的完成情况进行初步审核确认，报经市财政局审核同意后，按照规定和合同条款约定的比例将资金直接拨付到施工单位账户。

（4）项目的资金保障

深圳在资金保障措施方面，提出高效投资与拓宽融资相结合，提高投融资效率的几个方针。

① 保障项目资金供给，加强执行政府投资完成情况月报制度，及时掌握项目进度，及早统筹安排资金，为项目资金供给提供最大保障。在严格按照项目进度安排建设资金的同时，通过调整计划和预安排计划解决重点项目或应急项目资金的保障。

② 挖掘资金供给潜力，充分调动历年沉淀资金及财政间歇资金，根据项目实际进度需求统筹调剂资金，突出调控重点、节奏和力度，科学调整项目年度投资计划，提高政府资金调度效率，确保满足政府投资建设项目建设资金需求。

③ 拓宽项目融资渠道。创新投融资体制改革，探索资金供给方式多元化，进一步提高政府投资杠杆效应，积极组建投融资平台，化解财政性资金供给压力，形成多元投资格局。

（5）项目的审计监督

深圳专门设立了副局级建制的政府投资审计专业局，出台了相关的管理办法，负责政府投资建设项目预算执行情况和决算以及与项目直接有关的勘察、设计、采购、供货、建设、施工、监理等单位财务收支的审计监督；审计监督政府投资建设项目工程招投标和国有资产移交；组织专项审计或审计调查以及委托审计项目招投标和对委托审计项目的管理等。2012 年 6 月重新修正《深圳经济特区政府投资建设项目审计监督条例》，规定审计机关在项目开工前，对其前期准备工作和资金使用情况、项目建设程序和工程概预算的合法性、真实性和效益性进行审计监督。

深圳模式对于政府投资的非经营性工程专设机构行使政府投资业主职能，由第三方实施专业化管理，负责政府投资工程建设实施，实现了建、管、用分离，解决了政府投资工程管理中存在的“一次性业主”和“同位一体化”问题。但也存在以下不足。

① 没有完全解决上述政府角色混淆问题，建筑工务局集政府投资建设项目业主和政府管理职能于一体，隶属于当地的建设行政主管部门，容易产生“建、管”不分带来的传统问题。

② 公务员队伍庞大，耗费大量的财政资金，如深圳建筑工务局自成立以来，一直处于压力大、责任重、人手少、办公经费短缺的状况，随着所管的政府投资工程的逐渐增多。他们的工作负担和压力将越来越重，长此以往会影响到工程的质量和进度，精减政府官员数目，并逐步依赖中介机构实现其部分职能势在必行。

③ 激励约束机制不明。由于建筑工务局是一个事业单位，对于政府投资工程建设没有产权及利润的约束，只有行政权威的激励和约束。缺少对投资控制的内在约束机制；并且由于事业单位的非营利性，对职员缺乏激励效应。

5.2.2　上海代建制模式

上海市从2002年3月开始，进行政府投资建设项目的代建制试点工作。上海市新的政府投资建设项目管理模式采用“政府-政府所属投资公司-工程管理公司”的三级管理模式，实现政府投资职能、投资管理职能、工程管理职能的分离。

上海模式中，政府、投资公司、工程管理公司的权责一致，它们均在界定的职责范围内行使权力，履行责任，不受纵横向干预。通过调整政府管理职能，明确政府投资主体，形成工程管理市场，建立“决策科学化、主体多元化、管理专业化、行为规范化”的政府投资建设项目管理方式和运行机制。政府的职责主要包括：项目决策、市场选择、监管、评估、市场管理与培育等几个方面，与原有的政府职能相比，政府对于项目决策的具有前瞻性的战略性的重要问题介入比以前深，对于项目实施的管理较之以前淡出，主要借助中介组织（项目管理公司）完成。对于监督职能要求更高，主要是对投资公司、对项目实施过程进行监督管理。项目评估也成为政府一项重要的手段。

（1）上海市政府投资建设项目管理改革概况

上海市建设交通系统在改革试点期间重点做了以下三个方面的工作。

① 调整政府有关投资管理职能。将一批政府部门包括水务局、市政局、绿化局、环卫局、交通局、住宅局的有关投资管理的职能移交政府性投资公司。

② 完善政府性投资公司职能。政府对非营利性项目建设的管理，主要通过投资公司和社会中介组织（工程管理公司）行使。受政府委托的投资公司以及受投资公司委托的工程管理公司均在界定的职责范围内行使权力、履行职责，不受其他单位的干预。

③ 培育与发展一批工程管理公司。上海市在改革中主动采取措施，培育多个工程管理公司，将政府投资工程的业主职能和工程管理进行了适当分离，有利于形成开放与竞争的格局以及由第三方代表政府行使职能的独立平行的监管体系，有利于形成工程管理市场，提高专业化水平。

（2）上海市政府投资建设项目代建制中相关各方的职责

① 政府主管部门的职责主要是投资决策、市场选择和监管评估。具体是指负责审批项目建议书、可行性研究报告，审查确定设计方案，审批工程预算和正式开工计划等，通过公开招标方式确定工程管理公司；安排项目年度投资计划并协调财政部门；按工程进度拨付建设资金；监管工程管理公司履行合同；组织工程的竣工验收和移交。

② 政府所属投资公司被赋予更大的责任，具有独立投资主体的地位，主要任务是对项目投资与还贷、设施经营进行全过程管理。具体包括：项目前期工作，组织编制项目可行性研究报告、初步设计，并报政府审批；确定项目投融资方式及项目管理方式；采用公开招标方式选择工程管理公司或总承包公司，并确定财务监理公司；项目实施中进行监督和控制；竣工验收根据有关规定进行项目内部审计；初审项目财务决算；组织单项工程验收。除此之外还有资产管理和运作方面的职能。

③ 工程管理公司是项目的建设管理主体，在政府委托的职责范围内对项目建设进行全方位、全权制、全责制的管理。工程管理公司对政府负责，

作为建设方利用自己的专业技术力量和丰富的管理经验，在项目策划、方案设计、前期准备、工程预算、施工单位的招标选定及材料设备的采购等整个建设过程中，对项目的投资、质量和工期进行专业化控制与管理，确保项目建设按合同目标顺利实现；负责对建设资金进行管理，保证建设资金专款专用，并接受政府有关部门的审查和监督；工程管理公司作为独立的项目法人，依法行使法人职权，承担法律和经济责任。

④ 使用单位负责根据本单位的实际需要及发展规划提出项目建议书；在项目方案设计阶段提出项目的具体使用条件、建筑物的功能要求，有关专业、技术对建筑物的具体要求和指标；在建设过程中（包括项目的设计、施工、设备材料采购等）提出意见和建议，并监督代建单位的行为；参与工程验收，负责接收竣工建筑物及其使用和维护。

(3) 决策模式

上海以地方政府投融资管理领导小组作为政府投融资管理的决策层，决策地方政府投融资工作中的重大事项，确定地方政府所融资金的投资方向和投资方案。由经济、投资、财务、工程等方面专家组成的地方政府投融资咨询委员会，作为决策层的智囊团，主要根据全世界和全国的经济形势，立足于本地区的经济社会发展，为决策层政府提供投融资决策的意见和建议，使投资决策真正做到科学化和民主化，杜绝地方政府项目决策出现“一言堂”和“首长工程”的现象。对专业技术较强的重大项目，引入专业评估制度，即委托专业技术水平过硬的第三方工程咨询机构对项目的可行性撰写研究评估报告，并邀请相关行业的专家对投资项目进行评审，多管齐下，防范投资风险。对于涉及人民群众利益和地区经济社会发展的重大建设项目，项目决策过程公开透明，必须通过听证会、公示等形式充分协商，并广泛征求意见和建议，全面接受人民群众监督。

(4) 监管模式

目前上海对政府投资建设项目的监管采用的是一种政府职能部门监管、社会监管、项目建设单位内部监管三个层次相结合的监管模式。上海市相继制定和颁布了政府投资重大项目稽查办法（主要负责对市级财政建设重点项目的全过程进行稽查，并按照相关规定做出稽查处理。对市级建设财力超投资项目，稽查后方可调整投资概算及实施方案）、后评价的工作方案、财政性建设项目工程造价咨询（审核）定点服务机构考核办法、加强政府投资工程建设项目定点服务机构监督管理工作的指导意见等一系列规章制度，为政府投资建设项目监管工作开展奠定了良好的制度环境和操作准则。

（5）上海代建制模式与深圳工务局模式的区别

① 上海代建制模式中构建了一个政府投资建设项目业主“投资公司”，也就是确立了投资公司投资主体的地位，是一个拥有投资决策权、投资控制权和投资实施权与投资风险责任承担者的统一体，只有这样才能达到投资效益的最大化，符合我国政府机构改革所提出的“小政府、大社会”原则。而深圳工务局模式相当于“政府业主＋政府顾问”，工务局既有政府业主的性质，也充当政府顾问。

② 上海代建制模式更加注重政府对政府投资建设项目间接管理的原则，这样可以解决政府在政府投资建设项目管理中角色混淆的问题。

③ 运作和管理市场化。上海对政府投资建设项目没有仿造深圳的做法，而是由政府培育市场，依据市场价格机制和竞争机制来进行投资管理和运作。政府投资公司和工程管理公司均通过市场公开招标竞争，由市场择优确定。政府通过市场培育若干个工程管理公司，形成了开放与竞争的格局。充当政府业主的投资公司与政府是一种委托合同关系，工程管理公司与政府或投资公司之间也是委托合同关系。

④ 上海的政府投资改革模式突出了“代建制”，强调建设、管理、使用分离。投资公司可根据不同的项目采用不同的建设方式，即代建制或交钥匙方式，代建制选择工程管理公司，交钥匙方式可选择总承包公司，而香港和深圳模式主体上是一种总承包模式。

⑤ 上海代建制模式中对工程管理公司的监管是由独立平行的第三方“财政监理公司”代表政府行使监管职能，解决了投资管理公司出现违背政府主管部门政策的“逆向选择”和“道德风险”的行为。

5.2.3 厦门政府投资建设项目管理情况介绍

厦门市政府于2002年3月印发了《厦门市市级财政性投融资社会事业建设项目代建管理试行办法》的文件，规定土建投资总额1500万元以上的市级财政性投融资建设的社会公益性工程项目要实施项目代建制度，即项目业主在项目获准后将整个建设项目的前期准备、实施、竣工验收以及项目建设工程、质量、投资控制全部工作任务委托给具有相应代建资质的单位进行建设管理。代建单位代业主履行工程建设管理职责，包括选择勘察、设计、施工、监理企业，并签订工程合同。对代建单位经济上的奖惩办法是投资有节余的，可在工程节余款的5%以内给代建单位予以奖励；突破投资的，代建单位要支付投资突破数额的2%作为罚金。

（1）项目代建制工作的监督和管理

① 厦门市计划行政主管部门负责项目立项阶段的监督管理，建设行政主管部门负责项目建设实施阶段的代建监督管理，市重点工程办公室具体负责对代建行为进行协调和指导。同时充分发挥有关职能部门的作用，财政、审计等有关部门按职责分工参与代建活动的监督管理。

② 厦门市计划部门在项目立项或可行性研究报告批复时，核准项目是否代建。

③ 厦门市代建管理招投标活动的监督管理，必须遵照《厦门市市级财政性投融资建设的社会事业项目代建管理招标投标实施细则（试行）》执行。招标人和中标人按照招标文件和投标文件签订书面代建服务合同。厦门市招标办对合同履约情况实施跟踪考核管理。

④ 代建费来源于工程概算中的建设单位管理费。代建费原则不得随工程造价变化，确实因业主单位原因造成设计重大变更、增加代建内容的，项目业主应向代建单位支付补偿款，并报市计划、财政行政主管部门批准。

⑤ 有上下隶属关系的两个法人不得同时承担一个项目的代建、设计、监理和施工。禁止负有工程建设监管职责的有关部门及其工作人员直接参与工程建设实施活动或违法干预代建单位的正常活动。

⑥ 代建单位不得挪用代建项目的建设资金，也不得与其他项目混合使用，不得将建设资金从项目资金专户转到企业其他账户或用于项目以外开支。

（2）实施代建制度的主要经验

① 对政府投资建设项目进行专业化的相对集中管理。厦门市选择一批实力强、信誉好且专业性比较强的单位作为代建单位，通过相对集中管理，改变了以往政府投资建设项目管理分散性、临时性的状况，消除了机构临时拼凑、人员不稳定、业务不熟悉、管理不到位等诸多弊端，提高了建设管理水平。

② 明确政府投资建设项目各方主体的权利和义务。实行代建制，业主单位和代建单位通过签订《代建管理合同》，理顺和明确了政府投资建设项目中各参与方的责、权、利，有效地促使各方主体更好地履行各自的职责。同时

也在一定程度上实现了投资、建设、管理、使用分离，减少了资源浪费。

③ 规范政府监管者的身份。实行代建制，使政府投资建设项目的“建设、监管”实现了分离。政府从项目的具体实施者变成了真正对项目实施监督的监管者，使工程项目的监管得到加强。这样既有利于强化监督执法，规范建筑市场，又有利于加强廉政建设，减少了政府投资建设项目的腐败行为和监管不力的现象。

④ 发挥代建单位的专业优势，落实责任制。参与代建的专业公司通过运用专业手段，有效地保证了工程质量和进度，并对工程的成本和投资进行了有效的控制。对于实施代建制的项目，业主单位和代建单位要通过签订合同来确定双方的责任，由于责任相对明确，避免了过去那种临时机构撤销后，对项目出现的质量、安全等问题无人负责的状况，促使各方主体更好地履行各自的职责。

5.2.4 珠海市政府投资建设项目管理改革情况调查

作为改革开放前沿的珠海市曾经创造过很多成功先例，并在全国推广。面对政府投资工程出现的弊病，在考察了发达国家和我国香港等地的政府投资工程的成功经验后，按照政府投资建设项目投资、建设、管理、使用分开及专业化管理的思路，珠海市于 2002 年 2 月成立政府投资建设工程管理中心，简称建管中心，负责政府投资的市政工程和其他重要公共工程的建设管理，代表政府行使业主职能。建管中心作为统一管理政府投资非营利性工程的独立机构，对所有项目从立项、招投标到移交，整个过程实行“一条龙”监管和专业化管理，严密跟踪资金去向、投资效益和工程进度。

（1）珠海市政府投资建设项目管理的特点

① 实施法制化管理。为了从严格的立法程序上重建政府信誉，杜绝行政领导的“政绩工程”和严重损害政府形象的欠债工程，保障改革的顺利进行，珠海市人大常委会在经过详细的立法调研后，先后制定了一系列规范政府投资建设项目管理的行政规范和内部管理制度，把珠海市建管机构的职责、权利、义务和要执行的规定以法律的形式明确下来，使政府投资建设项目管理做到有法可依，为珠海市政府投资建设项目管理纳入法制化轨道提供了坚实的基础，为深化改革提供了保障。

② 实行风险包干和无现场签证制度。投标企业在拿到标底后，根据各

自实力、施工经验以及对现场及周边环境的考察，结合对招标文件的理解，进行综合投标报价，中标后签订合同，包死造价，对风险范围内的造价，竣工结算时不再调整，实行无现场签证。除因甲方原因或勘察成果与实际地质状况出现重大偏差而导致工程量增加，需按程序、权限另行调整外，其他一律不予签证。风险包干的核心是强化对招标文件和合同的管理，明确、强调签约各方的权利、义务的对等性，以合同的法律形式规范各方行为，这从根本上杜绝了施工单位低价中标，施工中漫天要价，结算时严重超标的现象，同时又堵塞了现场管理人员自由裁量可能产生腐败的源头。

③ 实行全方位、全过程招标制，把牢工程发包关。建管中心负责的所有工程，无论规模大小、投资多少，所有工程从方案设计开始，勘察、监理、施工各个环节，均在有形建筑市场面向全社会公开招标，并实行明标制，通过互联网和当地的主流媒体公布与工程有关的各种信息，使每个有意参与招标的企业都能同步得到等量的信息，杜绝暗箱操作。

④ 实行项目主管责任制。项目主管在项目的计划安排、组织协调、投资控制和工程质量、安全等方面负直接的责任，项目主管的职责是协调各个不同性质的服务单位之间，不同职能的部门之间的关系，并有效地利用中介机构的力量。建管中心的总工室、综合科等职能部门只对工程的一系列环节进行严格审核，既不代替和过多干预专业化工程公司的项目管理，又不放弃对项目的监督和控制。

⑤ 严把方案设计，牢牢控制建设规模和建设标准。使用单位提出建设规模和标准的建议及依据，确定科学的投资控制目标，政府部门和建设单位共同把关，绝不能任由使用单位说了算，避免了因单位之间互相攀比而导致的资源浪费。

⑥ 建立起了高效率的网络化办公系统。建管中心开发的基建管理软件将所有工程的招投标、合同、进度、计划、预结算、资金拨付、工程档案等核心工作联合成一个网上办公系统，建立一个完整、有效的城市建设档案及政府投资建设项目数据库，参建项目的各个单位可以随时随地按照各自不同的权限在网上进行相关工程项目的交流和管理。

（2）珠海市政府投资建设项目的投资控制和监督机制

建管中心完全按照“估算控制概算，概算控制预算，预算控制结算”的要求，严格控制项目突破预算，确保计划的权威性。如因实际情况确需突破预算，则一定要经过发展计划局、财政局等部门共同确认批准，超过一定金额的变更要提交市政府甚至市人大的批准。从根本上杜绝了擅自扩大建设规模、提高建设标准、“先斩后奏”的现象。

建管中心全面推出了“风险包干”和无现场签证的管理模式。建管中心在编制标底时尽可能考虑到各种风险因素，除非因甲方原因或勘察结果与实际地质状况出现重大偏差导致工程量增加，需按程序、权限调整超出的部分外，其他一律不予签证。实行风险包干，使建设单位牢牢控制了工程造价的主动权。

在监督方面，首先推行工程项目联审，把好建设项目入口关。即所有进入建管中心的建设项目，必须得到发展计划局、财政局、建设局和委托建设（使用）单位的共同认可，有完善的手续，确保资金落实后才上马。在项目建设过程中，由于甲方的责任和不可抗拒的原因，不得不进行项目变更时，也必须按《珠海经济特区政府投资项目管理条例》规定的程序才可以变更。其次，实行拨款直通车制度，即由发展计划局审批项目的概算，建管中心根据招标文件和合同以及工程进度情况、投资规模和概算做出项目预算，预算经财政部门审批后，施工单位的工程款由财政部门直接拨付给施工单位。建管中心从头到尾不接触工程款，做到有审批权的不管钱，有管理权的又碰不到钱，管钱的又不管建设，从根本上铲除了滋生腐败的土壤。再次，建管中心还主动接受社会的监督，主动与检察院、监察局联系，将管理的项目名单交给对方，在重点项目中请对方在建设过程中同步预防。同时，还与珠海市检察院职务犯罪预防科结成共同预防职务犯罪的对子，警示教育成了建管中心的必备课。

5.2.5 试点地区政府投资建设项目管理体制分析

从以上情况来看，国内主要改革试点地区虽然实施不同的政府投资建设项目管理模式改革，但是却取得了基本相同的效果，即均在一定程度上解决了政府投资建设项目投资、建设、管理、使用四位一体的弊病及比较严重的“一次性业主”问题，说明它们的改革基本上是正确的。

其中以深圳市为代表的绝大多数地方在改革中基本上借鉴的是我国香港的模式，彻底解决了“一次性业主”问题，并在一定程度上解决了“同位一体化”问题，将政府投资建设项目的业主职能和工程管理职能都赋予了同一机构。这样虽然能较好地解决原有政府投资建设项目管理各自为政、专业性不强等问题，但却无法真正实现投资、建设、管理的分离，政府行政权力对工程项目管理实施的干预依然存在。同时也容易产生“集中腐败”的现象。另外，我国香港的政府投资建设项目管理也并非尽善尽美，首先，管理机构过于庞大，人员过多，负责政府投资建设项目管理的人员多达上万人；其次，各种办事手续烦琐复杂，审批时间过长。

而上海市在改革中借鉴了国外的一些先进的工程建设管理模式，通过建立新的政府投资建设项目管理体制，有效地控制了投资，避免了寻租现象的发生，较为彻底地解决了投资、建设、管理、使用四位一体的弊端。培育多个工程管理公司，将政府投资建设项目的业主职能和工程管理职能进行了适当的分离，形成了开放与竞争的格局以及由第三方代表政府行政职能的独立平行的监管体系，以利于形成工程管理市场，提高专业化水平。这样虽然能较好地实现投资与建设的分离，但却与现有的工程管理市场、资金支付体系及投资项目的决策和评估体系存在众多有待协调完善的地方。同时，由于我国特殊的国情所限，目前我国内地的政府投资建设项目所占比例明显太高，导致政府支配的资源量过大，必须投入大量的精力对工程项目进行管理，无法有效实现政府职能从微观、直接管理向宏观、间接管理的转变。

相比较而言，这两种模式通过实施集中式管理，避免了机构重复设置问题；实施专业化管理，解决了外行管理内行的问题；资金由财政部门直接拨付给施工单位，减少了财政资金的周转环节；健全了监督制约机制，有效地遏制了政府投资工程的“三超”现象。而设立政府专门机构的管理模式没有从根本上解决政府在工程管理中角色混淆的问题，无论是政府机关还是事业单位，都不同程度地履行部分政府监管职责；而社会化专业机构模式更加注重政府对政府投资工程间接管理的原则和运作管理市场化原则，更加符合市场经济发展的要求。

这些地区的具体做法不尽相同，但改革的指导思想却是基本一致的，即按照投资、建设、管理、使用分离和专业化管理的原则，对基础设施项目的建设实行相对集中的专业化管理，建立权责明确、制约有效、科学规范的基础设施建设管理体制和运行机制，提高投资效益和建设管理水平。这些有益的尝试为我国基础设施建设管理的改革以及代建制度的建立和完善带来了重要的启示。

第6章

结 论

6.1 本书研究成果总结

本书在充分把握国际工程造价管理前沿理论和国内政府投资建设项目改革现状的基础上，借鉴国外先进管理模式和投资确定与控制方法以及国内改革实践，从政府投资建设项目全面投资管理理论和方法、全面投资确定理论和方法、全面投资控制理论和方法三个方面展开了深入研究，建立了适合我国国情的、符合国际惯例的政府投资建设项目全面投资控制模式，为从根本上解决政府投资建设项目“主体虚位”“三超”、挪占、腐败等问题，保证其顺利实施并有所节余，从理论和方法上，为有关政府投资决策、管理和实施部门提供改革和运行的理论方法及决策依据。

投资确定和决策必须科学化，在可行性研究和设计阶段是投资确定及控制重点，必须运用全生命周期投资理论进行投资项目的投资估算和投资、设计方案优化；运用显著性成本法（Cost Significant Method CS）简化投资估算、设计概算或修正概算计算程序；在有足够类似的工程投资数据条件下，选择足够数量的类似工程作为训练样本，用BP神经网络进行训练，进而预测出新建项目的显著成本项目（CSIs）造价；运用模糊聚类方法进行拟建项目CSIs和显著性因子的贴近度聚类及投资估算，并进行差异修正；当类似工程的工程投资数据不足时，运用GM(1,1)或GM(1,N)灰色预测系统进行新建项目投资估算；当类似工程的工程投资数据匮乏（没有或仅有极少量数据）时，利用以模糊语言形式存在的专家经验，采用模糊推理系统对新建项目进行投资估算；在施工图设计阶段，在具体设计方案和设计工程量已准确确定的情况下，仍按现行工程量清单法进行施工图预算。

投资控制必须全过程最优化，以非线性理论为基础，本书运用显著性成本CS方法简化模型，突出投资控制重点，简化投资控制数据处理程序的方法。在此基础上，建立了全过程连续时间造价动态系统的优化和控制模型，运用庞德里亚金极大值原理，根据所获信息的性质，建立了离散和连续型的投资优化控模型；并建立了全过程以主动控制为主的GM(1,1)模型和已获价值管理法（Earned Value Management，EVM）模型，能够随时新陈代谢旧的信息，动态灰色预测控制各阶段工程造价，使管理者及时掌握投资工期变动信息，并对其发展趋势做出科学的预测和判断，实现投资工期的事前主动控制。

6.2 存在问题及今后方向

① 本书首次引进的CS理论在我国的应用尚缺乏实证研究，笔者认为，其在我国工程投资管理领域必将具有很大的应用前景和价值，这为以后的研究奠定了基础和研究方向。

② 非线性投资确定理论如神经网络法、模糊判别法和模糊聚类法等在投资确定中的应用研究不够深入，缺乏系统全面研究和把握，全国或国际联网的已完大中工程项目国内外投资数据库的结构未及深化研究，今后将继续深入和深化开展此方面的研究。

③ 非线性投资优化控制理论如庞德里亚金连续和离散投资控制模型的研究还停留在理论探讨上，且很不成熟，离散模型虽建立，但未解出；GM(1,N)模型未及深化研究，将在以后研究中继续深化探讨。

④ 对庞德里亚金最优控制模型的假设条件和模型本身进行改进。优化假设条件，使其更好、更简单地与实践相符；考虑各种风险因素和不确定因素的影响，进一步改善最优控制模型。

参考文献

[1] 余建星，段晓晨，张建龙. 基于 BP 神经网络数据挖掘方法的政府投资建设项目投资估算方法 [J]. 中国农机化，2006 (5)：36-39.

[2] 段晓晨，张晋武，李利军，张健龙. 政府投资建设项目全面投资控制理论和方法研究 [M]. 北京：科学出版社，2007.

[3] 段晓晨，余建星，张建龙. 基于 CS、WLC、BPNN 理论预测铁路工程造价的方法 [J]. 铁道学报，2006，28 (6)：117-122.

[4] 尹贻林，闫存砚，陈伟珂. 政府投资建设项目管理模式研究 [M]. 天津：南开大学出版社，2002.

[5] 尹贻林，阎孝砚. 政府投资建设项目代建制理论与实务 [M]. 天津：天津大学出版社，2006.

[6] 李利军，段晓晨，李艳丽. 政府投资建设项目管理控制体制研究 [J]. 石家庄铁道学院院报，2005，18 (1)：84-87.

[7] 夏立明，尹贻林. 论我国政府投资建设项目管理主体 [J]. 天津工业大学学报，2003，22 (3)：19-23.

[8] 杨汉权. 试论从项目决策及设计阶段加强投资管理 [J]. 石油化工，2003 (1)：57-61.

[9] 程鸿群，姬晓飞，陆菊春. 工程造价管理 [M]. 武汉：武汉大学出版社，2004.

[10] 王立国，王红岩，宋维佳. 工程项目可行性研究 [M]. 北京：人民邮电出版社，2002.

[11] 刘芳，黄忠. 固定资产投资估算国内外比较分析 [J]. 基建优化，2003，24 (8)：25-29.

[12] 温国锋. 建筑项目投资估算模型分析 [J]. 中国煤炭学院院报，2003，45 (3)：19-22.

[13] 底杰. 基于混沌理论和 CS 理论的工程造价估算研究 [D]. 石家庄：石家庄铁道学院，2008.

[14] 董士波. 全过程工程造价管理与全生命周期工程造价管理之比较 [J]. 经济师，2003 (12)：136-138.

[15] 董士波，任国强. 工程造价 CALS 的研究 [J]. 哈尔滨工程大学学报，2003，22 (1)：9-13.

[16] Asif M. Simple Generic Models for Cost-Significant Estimating of Construction Project Cost [D]. Dundee：University of Dundee，1988.

[17] Al-Hajj. A Simple Cost-significant Models for Total Life-cycle Costing in Buildings [D]. Dundee：University of Dundee，1991.

[18] Flanagan Jewell R. Whole life appraisal for construction [M]. London：Blackwell Science，2005.

[19] Batten Roger M. Energy and Cost-Total Cost Management Discussion：the Global Gas Industry [J]. Cost Engineering，1995，17 (9)：34-49.

[20] 戚安邦. 工程项目全面造价管理 [M]. 天津：南开大学出版社，2000：32-38.

[21] 何清华. 建设项目集成化管理模式的研究 [D]. 上海：同济大学，2000.

[22] 孟宪海. 全寿命周期成本分析在工程项目中的应用 [J]. 建筑经济，2007 (10)：27-31.

[23] 任国强，尹贻林. 基于范式转换角度的全生命周期工程造价管理研究 [J]. 中国软科学，2003 (5)：148-151.

[24] 王瑾. 地铁工程全生命周期造价的确定与控制 [J]. 铁路工程造价管理，2008 (9)：12-16.

[25] 程杰. 基于 CS 理论的全生命周期工程造价的研究 [D]. 石家庄：石家庄铁道学院，2008.

[26] 兰树俊. 我国政府投资工程监管体系研究 [D]. 北京：北京交通大学，2007.
[27] 刘伟. 政府投资建设项目投资控制管理研究 [D]. 长沙：中南大学，2007.
[28] 徐志英. 全生命周期工程造价成本控制研究 [D]. 成都：成都理工大学，2007.
[29] 孟颉. 全面造价管理（TCM）在我国政府投资建设项目中的应用研究 [D]. 南京：河海大学，2007.
[30] 张家琪，张玉. 政府投资建设项目设计阶段的造价控制 [J]. 重庆建筑大学学报，2005 (2)：125-127.
[31] 张尚. 政府投资建设项目管理体制研究 [J]. 重庆工学院学报，2005 (1)：65-67.
[32] 程琳珊. 政府投资建设项目全过程造价控制 [J]. 陕西建筑，2006 (1)：49-52.
[33] 马勇. 全生命周期造价管理及其应用 [D]. 成都：西南交通大学，2006.
[34] 姜青松. 工程造价全生命周期管理信息化 [J]. 油气田地面工程，2005 (3)：1-3.
[35] 孟宪海. 国际工程项目管理新模式——Partnering [J]. 项目管理，2006 (4)：123-124.
[36] Jerold L. Zimmerman：Accounting for Decision Making and Control [M]. Second Edition. New York：McGram-Hill Companies，Inc，1995.
[37] 程鸿群，姬晓飞，陆菊春. 工程造价管理 [M]. 武汉：武汉大学出版社，2004.
[38] 李建雄，张丽荣. 建设项目投资的阶段性控制 [J]. 内蒙古科技与经济，2001 (3)：21-22.
[39] Zakieh R. Quantity-significance and its application to construction project modelling [D]. Dundee：University of Dundee，1991.
[40] Kishk M，Al-Hajj A，Pollock R，Aouad G，Bakis N，Sun M. Whole life costing in construction；A state of the art review，Research papers [J]. RICS Foudation，London. 2003，41 (8).
[41] Malcolm R，Horner W. New Property of Numers—The Mean Value and its Application to Data Simplification [M]. London：The papers to the Royal Sociaty，2004.
[42] Al-Hubail J. Modelling Operation and Maintenance Expenditures in the Offshore Oil and Gas Industry，PhD Thesis，Department of Civil Engineering [D]. Dundee：University of Dundee，2000.
[43] Asif M. Simple Generic Models for Cost-Significant Estimating of Construction Project Cost [D]. Dundee：University of Dundee，1988.
[44] Saket M M. Cost Significance Applied to Estimating and control of Construction Projects Thesis [D]. Dundee：University of Dundee. 1986.
[45] Malcolm R，Horner W. More and Less-A Contractor's Guide to improving Productivity in Construction [M]. New York：UltiplexMedway，Waldersladee，Kent，2001.
[46] Blanchard b. S.，Fabrycky W. J. Life cycle cost and economic analasis [M]. New York：Prentice Hall，1991.
[47] Raymod J P，Zidani H. Hamiltonian Pontryagin's Principles for Control Problems Governed by Semilinear Parabolic Equations [J]. Appl. Math Optim，1999 (3)：143-177.
[48] 吴铁锁. Pontryagine 极值优化原理在政府投资建设项目投资控制中的应用 [D]. 石家庄：石家庄铁道学院，2005.
[49] 王新征. 数据挖掘技术在政府投资项目投资估算中的应用研究 [D]. 石家庄：石家庄铁道学院，2006.
[50] 徐佳. 全生命显著性造价 SOM 和 RBF 神经网络估算方法研究 [D]. 石家庄：石家庄铁道大学，2010.
[51] 雷英杰，张善文. MATLAB 遗传算法工具箱及应用 [M]. 西安：西安电子科技大学出版社，2004.
[52] 王安麟. 复杂系统的分析与建模 [M]. 上海：上海交通大学出版社，2004.

[53] 张文修，梁怡. 遗传算法的数学基础［M］. 西安：西安交通大学出版社，2003.
[54] 戴维·奥斯本，等. 改革政府：企业家精神如何改革着公营部门［M］. 周敦仁译. 上海：上海译文出版社，2006.
[55] 盖伊·彼得斯. 政府未来的治理模式［M］. 吴爱民等译. 北京：中国人民大学出版社，2001.
[56] 祁玉清，等. 我国公益性投资项目决策机制政策与建议［J］. 宏观经济管理，2007（12）.
[57] 建设部政府投资工程管理方式改革课题组. 香港政府公共工程建设组织实施方式改革情况的调研报告［J］. 建筑经济，2003（10）.
[58] 王宁，等. 关于对深圳、珠海开展政府投资工程建设组织实施方式改革情况的调研报告［J］，建筑经济，2003（10）.
[59] 刘宇听，等. 对厦门市开展政府投资工程建设组织实施方式改革情况的调查［J］. 建筑经济，2003（10）.
[60] 吴普生. 政府投资工程管理模式的改革和探索［J］. 建筑经济，2005（1）.
[61] 黄霆，等. 我国政府投资项目管理的现状分析［J］. 建筑经济，2005（1）.
[62] 张伟，等. 政府工程管理模式综述与改革方向［J］. 建筑经济，2003（7）.
[63] 刘增桂. 政府投资项目管理存在的问题及防范对策的思考［J］. 特区经济，2007（8）.
[64] 周国栋. 完善我国政府投资监管体系的政策建议［J］. 经济体制改革，2006（5）.
[65] 朱俊文，等. 政府投资工程管理方式的国际惯例［J］. 中国工程咨询，2002（11）.
[66] 郝建新，等. 发达国家及地区的政府投资项目管理［J］. 水利水电技术，2004（8）.
[67] 叶晓姓，等. 中外公用事业投融资模式中政府职能对比研究［J］. 建筑经济，2007（12）.
[68] 发改委外事司. 德国政府投资项目的决策与管理［J］. 投资与规划，2007（16）.
[69] 魏东平. 政府投资项目监管问题国际比较［D］. 北京：北京师范大学，2004.
[70] 吴晖. 政府投资监督管理制度研究［D］. 北京：中国社会科学院，2002.
[71] 赵淳怡. 我国非经营性政府投资工程项目代建制研究［D］. 上海：同济大学，2008.